# DER ROTAUGENLAUBFROSCH
## *AGALYCHNIS CALLIDRYAS*

Tobias Eisenberg

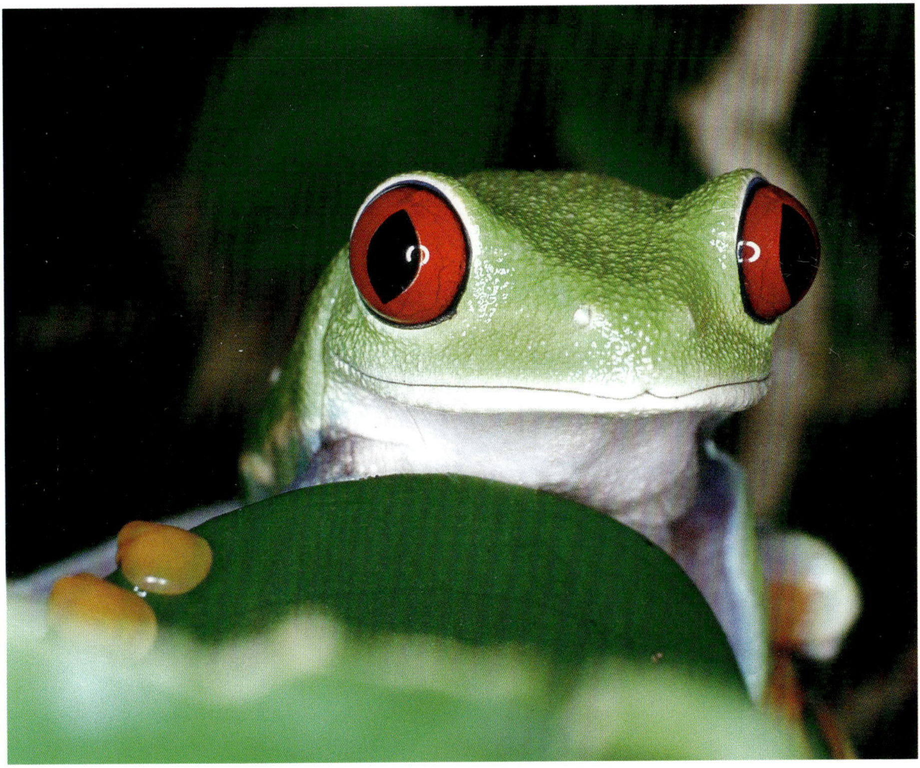

**Rotaugenlaubfrosch (*Agalychnis callidryas*)** Foto: T. Eisenberg

# Inhalt




Bildnachweis
Titelbilder und Seite 1: T. Eisenberg

2. Auflage 2010



Die in diesem Buch enthaltenen Angaben, Ergebnisse, Dosierungsanleitungen etc. wurden vom Autor nach bestem Wissen erstellt und sorgfältig überprüft. Da inhaltliche Fehler trotzdem nicht völlig auszuschließen sind, erfolgen diese Angaben ohne jegliche Verpflichtung des Verlages oder des Autors. Beide übernehmen daher keine Haftung für etwaige inhaltliche Unrichtigkeiten.
Alle Rechte, insbesondere das Recht der Vervielfältigung und Verbreitung sowie der Übersetzung, vorbehalten. Kein Teil des Werkes darf in irgendeiner Form (Druck, Fotokopie, Mikrofilm oder andere Verfahren) ohne schriftliche Genehmigung des Verlages reproduziert oder unter Verwendung elektronischer Systeme verarbeitet, gespeichert oder vervielfältigt werden.



ISBN 3-937285-40-7



© 2004 Natur und Tier - Verlag GmbH


An der Kleimannbrücke 39/41
48157 Münster
www.ms-verlag.de

Geschäftsführung: Matthias Schmidt
Lektorat: Heiko Werning & Kriton Kunz
Layout: Angela Neuhäuser
Druck: Druckhaus Fromm, Osnabrück

## Vorwort

DIE Rotaugenlaubfrösche zählen zweifelsfrei zu den schönsten und interessantesten Froscharten überhaupt. Kaum ein anderer Lurch ist aufgrund seines ansprechenden und geradezu fotogenen Äußeren auch Laien von Postern und Postkarten so gut bekannt. Obwohl Berichte über die Nachzucht dieses wundervollen Frosches schon seit über 30 Jahren existieren, ist erfreulicherweise das Interesse an *Agalychnis callidryas* nicht abgeflaut, im Gegenteil sogar stetig gewachsen. Diese farbenfrohen Amphibien haben sich zu Recht einen festen Platz in der ständig populärer werdenden Haltung von Terrarientieren erobert.

Rotaugenlaubfrösche sind zwar in ihrem Verbreitungsgebiet keineswegs selten, aber durch die gute Nachzüchtbarkeit in Menschenobhut wird man künftig auf Naturentnahmen weitgehend verzichten können.

Aufgrund schlecht eingewöhnbarer und mit Parasiten infizierter Wildfänge findet sich bisher in der Literatur immer wieder der Hinweis, Rotaugenlaubfrösche

## Einleitung

LAUBfrösche der Gattung *Agalychnis* bewohnen mit Ausnahme von *A. craspedopus* die tropischen Wälder Zentralamerikas und Mexikos. Zur Gattung werden acht Arten gezählt, von denen *A. callidryas* nicht nur die bekannteste, sondern sicherlich auch die am häufigsten in menschlicher Obhut gepflegte ist. Über sie existieren schon einige Haltungs- und Zuchtberichte (Ramseier 1975; Praedicow 1981; van Rossum 1989; Krintler 1992; Birkhahn & Wassmann 1997; Schmidt 2002).

**WUSSTEN SIE SCHON?**
Nicht alle Vertreter der Gattung *Agalychnis* besitzen rote Augen. Allerdings kommen in Zentralamerika neben *A. callidryas*, *A. saltator* und *A. spurrelli* noch weitere Laubfrösche mit roten Augen vor, so z. B. *Duellmanohyla rufioculis*, *D. uranochroa*, *Hyla debilis* oder *H. legleri*, deren Pupille aber im Gegensatz zu *Agalychnis* horizontal schlitzförmig ist.

seien prinzipiell nicht einfach zu halten und somit anfällige Pfleglinge. Dies scheint sich aus heutiger Sicht nicht mehr zu bestätigen, sodass Rotaugenlaubfrösche auch gut von bemühten und informierten Einsteigern in dieses Hobby gehalten und nachgezüchtet werden können.

„Wo ist das Haar in der Suppe?“, wird man sich fragen. Einziges Manko bei der Pflege von Rotaugenlaubfröschen ist die Tatsache, dass man die volle Schönheit erst nach dem Ausschalten der Terrarienbeleuchtung erleben kann, denn die „lichtscheuen Gesellen“ sind konsequent nachtaktiv. Aber auch die nächtlichen Streifzüge im Schein der Taschenlampe durch Ihr „Stückchen Regenwald im Wohnzimmer“ haben ihren Reiz, glauben Sie mir!

Dieses Buch ist kein Ratgeber für die Haltung eines einzelnen „Wetterfrosches im Gurkenglas“. Es soll vielmehr der kontinuierlichen Vermehrung einer bezaubernden Lurchart dienen und dem Einsteiger in die Froschhaltung das nötige Wissen für die erfolgreiche Pflege und Zucht von Rotaugenlaubfröschen vermitteln.

*Tobias Eisenberg*
*Schauenburg, im Herbst 2004*

### TAXONOMIE UND SYNONYMIE

Die Familie der Laubfrösche (Hylidae) gehört innerhalb der Klasse der Amphibia (Amphibien) zur Ordnung der Anura (Froschlurche). Die Laubfrösche der Gattung *Agalychnis* stehen zusammen mit den Gattungen *Hylomantis*, *Pachymedusa*, *Phasmahyla*, *Phrynomedusa* und *Phyllomedusa* in der neuweltlichen Unterfamilie der Greif-, Maki- oder Blattfrösche (Phyllomedusinae; Caramaschi & Cruz 2002). Der Rotaugenlaubfrosch *Agalychnis callidryas* wurde im Laufe der Zeit zunächst in die Gattung *Hyla*, später zwischenzeitlich zu *Phyllomedusa* gruppiert. Der Holotyp, also das Exemplar, anhand dessen die Art 1862 von Cope wissenschaftlich beschrieben wurde, steht mit der Bezeichnung ANSP 2091 in der Academy of Natural Sciences, Philadelphia, und wurde an der Terra typica (Fundort des Holotyps) „Darien, Panamá“ gesammelt. Eine Korrektur der Terra typica in „Córdoba, Veracruz, Mexico“ wurde nachfolgend als ungerechtfertigt angesehen.

Eine Aufspaltung der Art *A. callidryas* in eine nicaraguanische *Phyllomedusa* (*Agalychnis*) *helenae* und *P.* (*A.*) *callidryas* hat sich genauso wenig durchgesetzt wie die von Funkhouser (1957) beschriebenen Unterarten *A. c. callidryas* und *A. c. taylori*, Letztere mit Herkunft „Tierra Colorada, Veracruz, Mexico“.

## Beschreibung

HINsichtlich der Größe ergeben sich bei *A. callidryas* sowohl große geografische als auch sexualdimorphistische (= geschlechtsspezifische Gestalts-) Unterschiede; die nach DUELLMAN (2001) größten Tiere stammen aus Nicaragua. Mit maximal 77,2 mm Länge bei Weibchen handelt es sich um mittelgroße Hyliden. Männchen erreichen nur Längen von 40 bis knapp über 50 mm. Die Frösche besitzen abhängig von Tageszeit und Stimmung eine oberseits hellgrüne bis rötlich olivgrüne Färbung. Zudem finden sich teilweise kleine, runde, weiße Sprenkel bei einzelnen Individuen. Nach DUELLMAN (2001) sind diese Sprenkelungen bei den unterschiedlichen Populationen verschieden stark ausgeprägt – pro Individuum seien es maximal 22 Flecken. An anderer Stelle wurden aber bereits deutlich mehr Sprenkel nachgewiesen (EISENBERG 2003b). Die Flanken sind intensiv blau oder violett gezeichnet, regelmäßig unterbrochen von 3–13 beigen oder gelblichen Vertikalstreifen. Die Extremitäten der Frösche sind variabel grünlich oder bläulich gefärbt sowie lang und schlank. Finger und Zehen weisen verbreiterte Haftscheiben sowie moderate Schwimmhäute auf und sind orangerot. Die leicht granulierte Bauchhaut ist weißlich cremefarben. Der deutsche Namen spielt auf die deutliche Rotfärbung der Regenbogenhaut der Augen an. Die Pupille ist vertikal geschlitzt. Bei geschlossenem Auge erkennt man das goldene, netzartig gezeichnete Unterlid, durch das die Frösche auch bei Lidschluss noch sehen können.

Rotaugenlaubfrosch (*Agalychnis callidryas*) Foto: T. Eisenberg

**WUSSTEN SIE SCHON?**

Beobachtungen oder gar Berichte über Pflege und Nachzucht der weiteren Arten der Gattung *Agalychnis* wurden seltener (*A. annae* (Proy 1993), *A. calcarifer* (Marquis et al. 1986), *A. craspedopus* (Hoogmoed & Cadle 1991), *A. moreletii* (Taylor & Smith 1945), *A. saltator* (Proy 1992), *A. spurrelli* (Scott & Starrett 1974)) oder noch nie (*A. litodryas*) publiziert.

**WUSSTEN SIE SCHON?**

DUELLMAN (2001) weist darauf hin, dass bei den einzelnen Populationen von Nord nach Südost eine Zunahme der Vertikalstreifen auf den Flanken zu beobachten ist (durchschnittlich 5 in Mexiko [n=69] gegenüber durchschnittlich 9 in Panama [n=50]). Für die Zentralpopulation verweist derselbe Autor auf einen dorsolateralen (seitlich am Rücken gelegenen), cremefarbenen Begrenzungsstreifen zwischen grünlicher Rückenzeichnung und blauer Flanke, der die Vertikalstreifen zum Rücken miteinander verbindet. Des Weiteren scheint sich der Blauanteil der Flankenregion bei Fröschen aus Nicaragua südwärts immer stärker nach Dunkelblau, Violett und Braun zu verfärben, während im nördlichen Verbreitungsgebiet hellere Blautöne vorherrschen.

**Weibchen von *Agalychnis callidryas* mit stark ausgeprägter Sprenkelzeichnung auf dem Rücken** Foto: T. Eisenberg

Als terraristische Trenderscheinung wird die gezielte Nachzucht besonderer Farbschläge einer Art betrieben. Oft handelt es sich um Farbmutanten, wie albinotische (Fehlen sämtlicher Pigmente) oder leuzistische (Fehlen dunkler

## Verbreitung und zentralamerikanisches Großklima

***AGALYCHNIS*** *callidryas* bewohnt nach MC CRANIE & WILSON (2002) die tropischen Tiefland- und Prämontan-Regenwälder sowie Trockenwälder vom zentralen Veracruz und nördlichen Oaxaca in Mexiko bis an die kolumbianische Grenze Panamas auf der Karibikseite (bis ins nördliche Kolumbien laut RUIZ-CARRANZA et al. [1996]). Auf der Pazifikseite kommt die Art in einem Areal von Nicaragua bis nach Ost-Panama vor (MC CRANIE & WILSON 2002). Sie lebt vom Meeresspiegel bis in eine Höhe von 1.200 m (MC CRANIE & WILSON 2002). *Agalychnis callidryas* besitzt damit das größte Verbreitungsgebiet aller zentralamerikanischen

**Den Tag verschlafen die Rotaugenlaubfrösche an der Unterseite großer Blätter. Durch das geschlossene, golden genetzte Lid können die Tiere auch tagsüber sehen.** Foto: T. Eisenberg

**WUSSTEN SIE SCHON?**
Die Etymologie des Namens „*Agalychnis*" setzt sich aus dem griechischen „*aga-*" (= sehr) und „*lychnís*" (= im Dunkeln leuchtender Stein) zusammen; der Artname „*callidryas*" ist zusammengesetzt aus der griechischen Vorsilbe „*kalli-*" (= schön) und „*Dryás*" (= Name einer griechischen Baumnymphe). Spanische Lokalbezeichnungen sind „Rana Maki Ojiamarilla" (Köhler 2001), „Rana calzonudo" (Scott 1983) und „Rana-hoja de Ojos Rojos" (Campbell 1998).

Pigmente) Tiere. Auch von *A. callidryas* sind solche und sogar blaue Individuen (Gray 1997) bekannt, die insbesondere in den USA für beachtliche Summen gehandelt werden. In freier Wildbahn sind derartig mutierte Tiere oft gar nicht überlebensfähig, weil sie durch ihre auffällige Zeichnung einem erhöhten Druck durch Beutegreifer ausgesetzt sind.

*Agalychnis*-Arten. In diesem kommt es zu einer erstaunlichen Variation dieser Froschspezies, wenngleich dies gegenwärtig nicht zur Anerkennung von Unterarten geführt hat. Nach Duellman (2001) bestehen jedoch aufgrund der Vielfalt dieser Art Hinweise auf die Existenz dreier verschiedener Formen, die sich geografisch in eine Nordpopulation (Mexiko bis Nordzentral- und West-Honduras), eine Zentralpopulation (Nicaragua und karibisches Tiefland Costa Ricas) sowie eine Südpopulation (pazifisches Costa Rica, Panama) unterteilen.

Das Verbreitungsgebiet der Rotaugenlaubfrösche liegt zwischen 22 ° und 6 °N sowie zwischen 77 ° und 96 °W, und die

**Verbreitungsgebiet von *Agalychnis callidryas*, modifiziert nach Duellmann (2001)**

**Rotaugenlaubfrosch im Biotop am Rande des Nationalparks Braulio Carrilo, Costa Rica**
Foto: T. Eisenberg

gesamte Region zeichnet sich aufgrund ihrer Nähe zum Äquator durch ein ganzjährig tropisches Klima auf Meeresspiegelhöhe aus. Durch die Enge der zentralamerikanischen Landbrücke spielen das Karibische Meer (als Teil des Atlantiks) und der Pazifik, aber auch die zentral von Nordwest nach Südost ziehende, zwischen 1.200 und 4.000 m aufragende und nahezu ununterbrochene Gebirgskordillere eine bedeutende Rolle bei der Wetterbildung. Die Temperaturen werden maßgeblich von der Höhe geprägt und führen zur einfachen Einteilung in die klimatischen Zonen *tierra caliente* (Warmzone; Meershöhe bis zu 900 m; Temperaturen tagsüber um 30–33 °C, nachts 21–24 °C), *tierra templada* (900–1.800 m; 24–27 °C tags, 15–21 °C nachts) und *tierra fria* (über 1.800 m; 22–24 °C tags, nachts unter 15 °C). Innerhalb der *tierra caliente* wird die jährliche Großwetterlage stärker durch die wechselnden Regen- und Trockenzeiten beeinflusst als durch stark unterschiedliche Temperaturen. Die höchste Regenmenge fällt in der Region zwischen Mai und September, wobei die karibischen Tieflandregenwälder mit Ausnahme derjenigen in Honduras durch eine verlängerte Regenperiode noch feuchter sind als das pazifische Tiefland.

**Biotop von *Agalychnis callidryas* in der Region Selva Negra, Nicaragua** Foto: T. Eisenberg

# Lebensraum und Lebensweise

ROTaugenlaubfrösche sind die meiste Zeit des Jahres Baumkronenbewohner. Tagsüber und während der Trockenzeit schlafen sie an größeren Blättern, mit eng an den Körper angelegten Gliedmaßen. Um nicht zu viel Wärme zu absorbieren, sind die Frösche tagsüber hellgrün gefärbt, und als Schutz vor zu intensiver Sonnenstrahlung wählen sie meist die Blattunterseite als Schlafplatz. Ein Verdunstungsschutz in Form einer wachsartigen Lipidschicht, wie sie von einigen Phyllomedusen bekannt ist, existiert bei *Agalychnis* nicht. Abends, wenn die relative Luftfeuchtigkeit (rel. LF) ansteigt, werden die Frösche aktiv. Bevor sie Nahrung aufnehmen, müssen sich die Tiere häuten, was sie durch Strecken, Gähnen und Abstreichen des Körpers mit den Gliedmaßen erreichen. Anschließend hört man beim Umherklettern zuweilen den bei DUELLMAN (2001) als „Regen- oder Aufwachruf" bezeichneten Laut, der sich vom Paarungsruf unterscheidet und möglicherweise als eine Art Revierabgrenzung aufgefasst werden muss. Dieser an ein gackerndes Trillern

**Abends verlassen die Frösche ihre Schlafplätze auf der Unterseite großer Blätter.** Foto: T. Eisenberg

**Nächtliche Häutung von *Agalychnis callidryas* durch Strecken des Körpers** Foto: T. Eisenberg

(„drrr") erinnernde Laut wird auch oft ausgestoßen, wenn ein Tier springt oder fällt. Dies ist nicht die Regel, denn Rotaugenlaubfrösche bewegen sich eher gemächlich kletternd fort. Durch die einander gegenüberstellbaren (opponierbaren) Finger und Zehen können sie Äste perfekt umgreifen. Meist suchen die Frösche nach dem Erwachen eine Wasserstelle auf, um die während des Tages durch Verdunstung verloren gegangene Flüssigkeitsmenge wieder aufzunehmen. Bei einem solchen Bad wird Wasser über die Haut, aber auch direkt in die Harnblase aufgenommen und oft Kot ins Wasser abgesetzt. Bisweilen sieht man die Frösche nach dem abendlichen Erwachen sogar im Strahl aus der Kloake urinieren. In der Natur steigen die Frösche nicht jedes Mal bis zum Boden herab, sondern nutzen temporäre Wasseransammlungen wie gefüllte Blattachseln epiphytisch (auf anderen Pflanzen) wachsender Pflanzen oder Astlöcher in den Baumkronen. Eigene Messungen in Urwaldbaumkronen Costa Ricas ergaben, dass die Tiere in der Kronenschicht des Regenwaldes keiner sehr hohen Luftfeuchtigkeit, aber leicht erhöhten Tagestemperaturen ausgesetzt sind (30 °C, 60 % rel. LF). Als natürliche Fressfeinde kommen Spinnen, Vögel, Fledermäuse und Schlangen in Frage.

**Baumkronenregion im Biotop des Rotaugenlaubfrosches am Rande des Braulio-Carrillo-Nationalparks, Costa Rica** Foto: T. Eisenberg

## Pflege in Menschenobhut

WENN man Rotaugenlaubfrösche halten möchte, muss man sich von Anfang an auf deren schon angesprochene nachtaktive Lebensweise einstellen. Bevor man zur Anschaffung schreitet, sollte man sich überlegen, ob man auch die langfristigen Konsequenzen eingeplant hat. Zum Anschaffungspreis addieren sich schnell noch weitere Kosten. Für die Haltung benötigt man ein Terrarium, dazu etliche Einrichtungsgegenstände, wie Äste, Wurzeln und Pflanzen, sowie natürlich auch noch eine Beleuchtung und Beheizung, Thermo- und Hygrometer (Luftfeuchtigkeitsmessgerät). Je nachdem entstehen so Ausgaben von bis zu mehreren hundert Euro. Neben den finanziellen Aufwendungen muss in Rechnung gestellt werden, dass man immer lebendige Futtertiere für die Frösche vorrätig halten muss. Zarte Gemüter können sich durch von Futterzuchten oder Terrarien ausgehenden Gerüchen oder auch erhöhten Raumluftfeuchtigkeiten gestört fühlen, und nicht zuletzt soll erwähnt werden, dass die Frö-

**Diese Schlanknatter (*Leptophis ahaetulla*) aus Selva Negra, Nicaragua, frisst sowohl die Rotaugenlaubfrösche selbst als auch deren Gelege.**
Foto: T. Eisenberg

sche bei richtiger Pflege durchaus recht langlebig sein können, man also eine Entscheidung für etliche Jahre zu treffen hat.

Für den Kauf der Frösche sucht man sich am besten einen Züchter, bei dem man sich die Haltungsbedingungen dann auch gleich selbst ansehen und das eine oder andere Detail erfragen kann, aber auch in Zoohandlungen oder auf Terraristikbörsen lassen sich heute durchaus Nachzuchten erwerben, die Wildfängen unbedingt vorzuziehen sind. Selten wird man das Glück haben, gleich ausgewachsene Zuchttiere kaufen zu können. Stattdessen geben die meisten Züchter heranwachsende Nachzuchttiere ab, bei denen eine Aussage über das Geschlecht oft noch nicht getroffen werden kann. Wenn man später selbst züchten möchte, kann es daher sinnvoll sein, zunächst vier oder fünf Jungtiere aufzuziehen, um dann mit relativer Sicherheit beide Geschlechter zu besitzen.

Für den Transport der neu erworbenen Frösche eignen sich kleine Plastikdosen mit Luftlöchern

**In einem artgerecht eingerichteten Terrarium fühlt sich der Rotaugenlaubfrosch wohl.**
Foto: T. Eisenberg

(Achtung, dass kein scharfer Rand der Löcher nach innen ragt, damit die Frösche sich nicht die Nase verletzen können), in die man feuchtes Fließpapier legt. Diese stellt man in Styroporkisten oder Isoliertaschen, um die Tiere gegen Kälte oder Überhitzung zu schützen. Es ist auf jeden Fall sinnvoll, für eine mehrwöchige Übergangszeit zunächst eine so genannte Quarantäne durchzuführen, während der man auch Kotproben der Tiere untersuchen lassen kann, um sich vom tadellosen Gesundheitszustand der Neuankömmlinge überzeugen zu können (Eisenberg 2003a). Auf keinen Fall sollten neu erworbene Frösche sofort mit schon vorhandenen vergesellschaftet werden.

**DER PRAXISTIPP**
Wichtig für die Konzeption des Terrariums ist, dass man vorher bereits wissen muss, wie viele Schlauch- und Kabelverbindungen später angelegt werden sollen. Weil das Glasbohren am fertigen Becken für Laien nahezu unmöglich ist, kann man auch vorher schon ein paar zusätzliche Löcher einplanen, wenn man später einmal eine Beregnungsanlage mit mehreren Düsen oder einen Außenfilter betreiben möchte.

## Das Terrarium und seine Einrichtung

In aller Regel ist man gut beraten, sich für die Pflege von Rotaugenlaubfröschen ein Vollglasterrarium zuzulegen, dessen Bodenbereich unbedingt wasserdicht sein sollte. Ein solches Becken ist üblicherweise mit zwei gegeneinander verschiebbaren Frontscheiben und je einer Lüftungsfläche im Bereich der Front- oder Seitenscheibe und an der hinteren Deckscheibe ausgestattet.

Handwerklich geschickte Einsteiger planen sicherlich den gesam-

**DER PRAXISTIPP**

Als Alternative zu Glas lassen sich insbesondere größere Terrarien auch sehr gut aus verschraubten und verklebten Hartschaumplatten bauen. Diese Materialien quellen nicht (im Gegensatz zum keineswegs empfohlenen Holz), müssen aber sorgfältig mit Aquarien-Silikon versiegelt werden, um eine hundertprozentige Dichtigkeit zu gewährleisten.

**DER PRAXISTIPP**

Ein Terrarium gemäß Skizze ist sehr gut für die Haltung von Rotaugenlaubfröschen geeignet. Durch den schräg eingeklebten Boden läuft die Flüssigkeit direkt in den vorne liegenden Wassergraben. Aus diesem lässt sich ein Wasserwechsel durch eine großlumige Abflussöffnung einfach bewerkstelligen.

ten Bau selbst. Wer keine Erfahrung in der Glasverarbeitung hat, sollte sich vielleicht lieber ein Terrarium von einem Glasbau-Profi bestellen, denn sonst beginnt der Einstieg möglicherweise mit einer Menge Frustration, wenn die

**Für die Haltung von Rotaugenlaubfröschen geeignetes Froschterrarium mit leicht schräg eingeklebtem Boden, Wassergraben und zahlreichen Bohrungen für Ablauf und Beregnung**
Skizze: T. Eisenberg

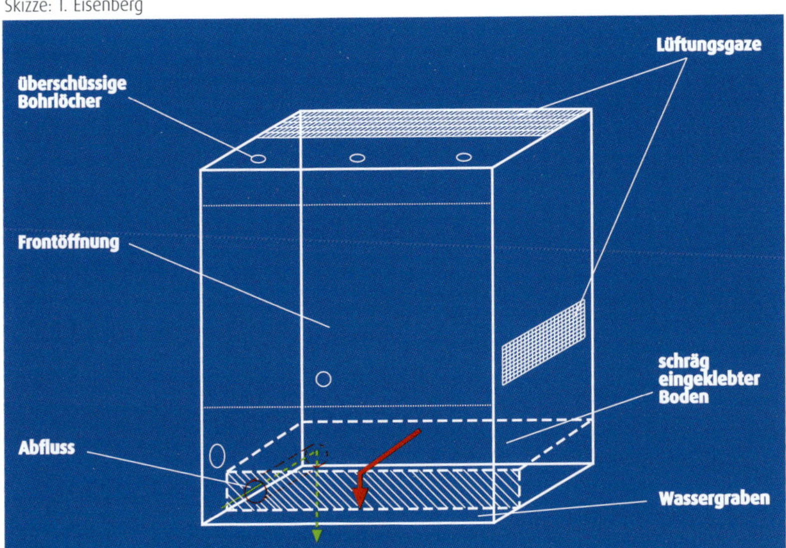

Glasscheiben hinterher mit Silikon verschmiert sind oder Wasser aus dem Behälter tropft. Einige Firmen bieten mittlerweile auch spezielle Froschterrarien an, die sich durch eine für Futtertiere undurchlässige Lüftungsgaze und eine schräg eingeklebte Bodenscheibe auszeichnen. Letztere ist sehr sinnvoll, weil das Wasser so in einen Wassergraben unterhalb der Frontscheiben geleitet wird.

Dadurch ist eine Wasserfläche ohne zusätzlichen Einbau vorhanden, das Gewicht des gesamten Terrariums wird merklich reduziert, und es findet ein kontinuierlicher Spülprozess statt, bei dem Kot, nicht gefressene Futtertiere und welke Blätter in den Graben geschwemmt werden, aus dem sie problemlos abgeleitet werden können. In dem Graben kann man auch eine kleine Pumpe betreiben, die zur „Regenzeit" eine Beregnung speist, oder es wird über einen eingeklebten Überlauf und ein nachgeschaltetes Wasserreservoir ein Außenfilter betrieben. Mit der Ausdehnung und Tiefe der Wasserstelle sollte man es jedoch nicht übertreiben. Rotaugenlaubfrösche können zwar schwimmen, wenngleich sie dies fast nie tun, aber man muss immer eine entsprechend leichte Ausstiegsmöglichkeit anbieten, um die Gefahr des Ertrinkens auszuschließen.

Für die Pflege der baumbewohnenden Rotaugenlaubfrösche eignen sich besonders gut Terrarien mit einer Mindesthöhe von 80–100 cm. Das Becken kann durchaus unter ästhetischen Gesichtspunkten eingerichtet werden, wobei man bei der Auswahl der Pflanzen und Äste die Größe und das Gewicht der Frösche bedenken muss. Auch sollte bereits vor der Anschaffung überlegt werden, wie man den Behälter bzw. eine Wasserstelle von den Ausscheidungen der Tiere reinigen will. Aus diesem Grund sind Behälter mit einem eingebauten Abfluss besonders gut geeignet.

Da sich die Frösche selten direkt auf dem Boden aufhalten, kann man durchaus auf ein spezielles Bodensubstrat verzichten. Dies erleichtert eine hygienische Haltung sehr, bei der die Bodenwanne einfach mit Wasser ausgespült werden kann. Dennoch sind die sonst üblicherweise in Froschterrarien verwendeten Bodensubstrate auch für Rotaugenlaubfrösche anwendbar. Wird ein Terrarium mit einem Wassergraben verwendet, dann ist auch eine teilweise eingerichtete Bodenfläche aus modelliertem Styropor,

Torf-, Baumfarn- oder Presskorkplatten gut geeignet. Dieselben Materialien können auch für die Verkleidung der Rück- und Seitenscheiben genutzt werden. Zum Aufkleben der trockenen Materialien eignet sich Aquarien-Silikon. Körnige Bodensubstrate, wie Kies, Erde oder Tonkügelchen (Hydrokultur, Seramis), sind nicht besonders gut geeignet, weil sie spätestens mit Einsetzen der „Regenzeit" stark ausgewaschen werden und überdies beim Haften an Futtertieren leicht mitgefressen werden können. Bei mir hat sich bewährt, das Terrarium mit großblättrigen Pflanzen in Übertöpfen einzurichten. Außerdem ist das Terrarium mit diversen senkrecht und waagerecht angeordneten Ästen, Lianen und Korkeichenröhren gut zu strukturieren, sodass die Frösche nachts auf den Einrichtungsgegenständen und weniger auf Boden- oder Seitenscheiben laufen und verweilen können. Wenn man eine Trockenzeit simu-

***Agalychnis callidryas*** **aus Selva Negra, Nicaragua** Foto: T. Leenders

liert, sollte Wasser bis auf gelegentliches Sprühen nur knapp verfügbar sein. Zwar belasse ich immer eine kleine Schüssel mit frischem Wasser im Behälter, in dem die Frösche ihr abendliches Bad nehmen können, aber sonst fällt der Behälter komplett trocken. Die Wasserschüssel kann mit einer Drahtschlaufe im Behälter aufgehängt werden, und die Tiere merken sich sehr schnell den Ort, an den sie abends zielstrebig zum Baden kommen können. In dieser Phase bilden die Weibchen Körperreserven von der üppig angebotenen Nahrung, die sie in Laich investieren.

**Terrarium für Rotaugenlaubfrösche nach mehrjähriger „Einlaufzeit". Die auf den Wänden wurzelnden Pflanzen müssen nun regelmäßig zurückgeschnitten werden.**
Foto: T. Eisenberg

Rotaugenlaubfrösche sind nicht territorial. Lediglich während der Paarungszeit können Männchen um die geeignete Partnerin konkurrieren. In einem Terrarium mit den Mindestmaßen 60 x 60 x 80 cm (Länge x Breite x Höhe) halte ich die Pflege von 2–3 Fröschen für möglich. Besser und auch für größere Gruppen geeignet sind Behälter mit einer Höhe von etwa 120–150 cm.

## Bepflanzung

Mit der Einrichtung des Froschterrariums und dessen Bepflanzung kann sich der Halter tropischer Frösche den Wunsch erfüllen, in seiner Wohnung einen üppig bepflanzten „Regenwaldausschnitt" nachzubilden. Der Kreativität sind kaum Grenzen gesetzt. Bei der Haltung dieses atemberaubend schönen Frosches spielt die Vegetation im Terrarium eine außerordentlich wichtige Rolle, denn immerhin verbringen die Tiere die Hälfte ihres Lebens schlafend auf Blättern und bewegen sich auch im Wachzustand zu einem erheblichen Teil auf ihnen. Die Pflanzen sollten entsprechend dem Klima des Herkunftsgebietes auch aus tropischen Gebieten stammen, recht großblättrig und einigermaßen robust sein. Innerhalb kurzer Zeit wird sich im Regenwaldterrarium ein üppiges Geflecht aus verschiedenen Bromelien, Ranken und großblättrigen Pflanzen ausbreiten, vorausgesetzt, man sorgt durch regelmäßiges Sprühen für eine ausreichend hohe Feuchtigkeit. Wenn auch die Rück- und Seitenwände mit Kork, Baumfarn oder Kokosmatten verkleidet sind, erobern die Pflanzen schnell auch diese Unterlage. Bei mir haben sich Fensterblatt (*Monstera deliciosa*), Einblatt (*Spatiphyllum floribundum*), Giftaron (*Dieffenbachia* spp.) und großblättrige Rankpflanzen wie Efeutute (*Scindapsus* spp. oder *Epipremnum pinnatum*) bestens bewährt. Die Pflanzen können in Töpfen mit Hydrokultur-Tonkugeln eingepflanzt werden, damit während der „Regenzeit" keine Erde ausgewaschen wird.

**DER PRAXISTIPP**

Die Pflanzentöpfe sichert man mit zugeschnittenen PVC-Abdeckungen. So können die Frösche bei der Jagd keine Tonkügelchen mitverschlucken.

**Terrarienpflanzen wie diese *Monstera*-Art gedeihen besonders gut bei hoher Lichtfülle. Im hinteren Bereich sorgt eine mittags zugeschaltete Quecksilberdampflampe von außen für höhere Wärme- und Lichtwerte. Durch das perforierte Plastikrohr kann eine Regenzeit simuliert werden.** Foto: T. Eisenberg

Seitenwände mit Korkplatten o. Ä. beklebt sind, finden die Luftwurzeln schnell an diesen Halt und wachsen auf der Unterlage fest.

Im Gegensatz zu lebenden Pflanzen tragen die mittlerweile oft erstaunlich echt wirkenden Plastikpflanzen natürlich nicht zum Mikroklima bei, denn sie betreiben ja keinen Gasaustausch oder geben Feuchtigkeit ab. Die einfach zu reinigenden und sogar zu desinfizierenden Plastikpflanzen können aber für bestimmte Einsatzgebiete dennoch sehr sinnvoll sein, wenn es nämlich auf eine besondere Hygiene ankommt, wie beispielsweise in Quarantäne-, Beregnungs- oder Aufzuchtterrarien.

**In Aufzuchtterrarien haben sich Plastikpflanzen wegen der häufigen Reinigungsarbeiten bewährt.** Foto: T. Eisenberg

Die Blumentöpfe kann man etagenförmig auf Backsteinen und umgedrehten Tonblumentöpfen anordnen oder sichere Wandhalterungen dafür anbringen. Alternativ ist es auch möglich, manche Pflanzenarten als Epiphyten (Aufsitzer) direkt auf einem Ast festwachsen zu lassen, indem man die sorgfältig von Erde befreiten Wurzeln mittels eines Moospolsters und Nylonschnüren auf eine Unterlage aufbindet. Die Pflanzen werden bei den feuchtwarmen Bedingungen schnell festwachsen und sich verzweigen. Wenn die

## Klima im Terrarium

Für die Gesunderhaltung der Frösche spielt das Terrarienklima eine maßgebliche Rolle. Obwohl man den natürlichen Lebensraum schon alleine wegen der Größe und Mikroklimata nicht hundertprozentig nachahmen kann, ist es dennoch das Ziel, einen Ausschnitt daraus so gut wie möglich zu imitieren. Ideal ist es daher, so viele Kenntnisse wie möglich über die Biotope von *A. callidryas* zu besitzen.

Je dichter man sich am Äquator befindet, desto gleichförmiger sind die Tag-Nacht-Längen im Verlaufe des gesamten Jahres. Vernachlässigt man kleinere Zeitschwankungen, so ergibt sich ein recht ausgewogenes Tag-Nacht-Verhältnis von jeweils zwölf Stunden, mit nur einer knappen halben Stunde für die Dämmerungsphasen. Daher sollte man das Terrarium ungefähr zwölf Stunden beleuchten, am besten per Zeitschaltuhr. Auch wenn das Terrarium in den Sommermonaten etwas Restlicht von außen zusätzlich erhält, schadet das den Tieren nicht. Man wird aber beobachten, dass *A. callidryas* wirklich erst bei einsetzender Dämmerung munter wird.

## Licht und Wärme

Licht spielt nicht nur im Verhaltensspektrum der Tiere eine wichtige Rolle, sondern es ermöglicht auch erst das üppige Pflanzenwachstum. Deshalb kommt der Auswahl der Lampen eine große Bedeutung zu. Interessanterweise reflektieren Rotaugenlaubfrösche wie auch Pflanzen Lichtwellen in der Nähe des Infrarotspektralbereiches (SCHWALM et al. 1977). Dadurch sind sie auf Blättern nicht nur wesentlich besser getarnt, sondern können diese Spektralbereiche auch zur Thermoregulation nutzen. Beleuchtung und Beheizung des Terrariums sind von dessen Volu-

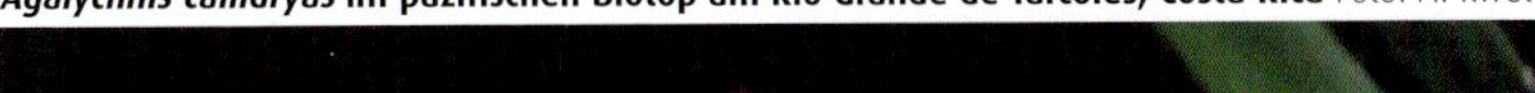

***Agalychnis callidryas* im pazifischen Biotop am Río Grande de Tárcoles, Costa Rica** Foto: A. Kwet

men und der zur Verfügung stehenden Lüftungsfläche abhängig, denn der Behälter kann in Wohnräumen durchaus über die Lampen auch gleichzeitig mit erwärmt werden. Wie schon berichtet, herrschen im Biotop das ganze Jahr über relativ gleichförmige Temperaturen von etwa 21–24 °C nachts und 27–33 °C am Tage. Diese Temperaturen dürfen keinesfalls stark über- bzw. unterschritten werden! Ab 35 °C Lufttemperatur kann eine lebensbedrohliche Überhitzung eintreten. Solche Werte werden in schlecht gelüfteten Räumen oder durch direkte Sonneneinstrahlung in das Terrarium schnell erzielt. Daher ist es sinnvoll, die Temperaturen an verschiedenen Orten im Terrarium zu messen und über einen Zeitraum von 4–6 Wochen zu protokollieren, bevor man die Tiere einsetzt. Um eine Überhitzung der Terrarien insbesondere im Sommer zu verhindern und den Luftaustausch zu steigern, kann man auch an den Lüftungsflächen einen kleinen Ventilator (Computerzubehör) anbringen, der Luft in den Behälter hineindrückt oder heraussaugt. Selbstverständlich darf ein solcher Ventilator nur so betrieben werden, dass er unerreichbar für die Frösche ist. Wenn man ihn mehrmals am Tag für kurze Zeit laufen lässt oder ihn sogar über einen Thermostat betreibt, kann man zu hohe Temperaturen wirkungsvoll verhindern. Auch das Problem einer beschlagenen Frontscheibe kann durch einen richtig angebrachten Ventilator gut gelöst werden.

**Biotop von *Agalychnis callidryas* in der Region Selva Negra, Nicaragua** Foto: T. Eisenberg

Für Froschterrarien mit geringer oder mittlerer Höhe reichen 2–3

Leuchtstofflampen mit jeweils 18–36 Watt für Beleuchtung und Beheizung aus, insbesondere wenn ein Lampenkasten verwendet wird. Diese Lampen enthalten zumeist noch die herkömmlichen Vorschaltgeräte, durch die sich das Lampengehäuse lokal stark erwärmt. Wenn man mehrere Leuchtstofflampen von oben auf die Glasdeckscheibe auflegt, erzielt man im Inneren einen wünschenswerten Temperaturgradienten, der von etwas über 20 °C im unteren Bereich auf nahezu 30 °C unmittelbar an der Deckscheibe reicht (im Gegensatz dazu sparen die moderneren elektronischen Vorschaltgeräte Strom, schonen die Leuchtmittel, sind aber viel teurer). Mit Hilfe von Einrichtungsgegenständen wie Ästen oder Blättern kann man den Tieren Zugang zu diesen wärmeren Bereichen schaffen. Durch spezielle Leuchtstofflampenreflektoren lässt sich die Lichtausbeute im Terrarium noch erheblich steigern. Hinsichtlich der Lichtfarbe bevorzuge ich Röhren in „Neutralweiß", die ein relativ ausgewogenes Lichtspektrum bei moderatem Preis besitzen. Die eigens für Terrarien hergestellten Spezialleuchtstofflampen sind – wie auch Ultraviolettlicht (UV) abstrahlende Lampen – nicht geeignet, um sie durch eine Glasscheibe hindurch zu betreiben. Solche Beleuchtungskörper müssen innerhalb des Terrariums oder über einer Lüftungsgaze – vor Spritzwasser geschützt – angebracht werden.

In größeren Terrarien ab einer Höhe von 80–100 cm müssen durch zusätzliche Heizquellen die nötigen Temperaturbereiche geschaffen werden. Dies kann durch eine *ausschließlich* außerhalb des Behälters betriebene Heizlampe geschehen. Doch Vorsicht! Die von einer solchen Lampe ausgehende Heizstrahlung bzw. der richtige Abstand zum Terrarium müs-

### UV-LICHT

Um der Entstehung von Knochenstoffwechselstörungen vorzubeugen, sollte man seine Tiere mit UV-Licht bestrahlen. Ultraviolettes Licht verursacht eine Umwandlung des in der Haut gespeicherten Vitamins $D_3$ in seine stoffwechselaktive Form. Das aktivierte Vitamin $D_3$ ist hauptsächlich dazu notwendig, um Kalzium aus der Nahrung im Darm resorbieren zu können. Man sollte in unmittelbarer Nähe zu den Tieren nur die schwachen, für Amphibien geeigneten Lampen verwenden, die üblicherweise etwa 10 % UV-A- und 2 % UV-B-Strahlung emittieren. Nachteilig bei solchen Lampen ist, dass der Abstand zwischen der Lampe und dem Tier wegen des Strahlungsverlustes nur gering sein sollte und sich ihr Lichtspektrum schon nach mehrwöchiger Brenndauer verändert, sodass kaum noch UV-Strahlung abgegeben wird. Daher sollten solche Lampen spätestens halbjährlich ausgewechselt werden. Keinesfalls sollte man UV-Lampen, wie sie in Solarien eingebaut sind oder wie sie für die Bedürfnisse von Reptilien aus Wüstengegenden angeboten werden, in die Terrarien für Frösche integrieren, weil die empfindliche Amphibienhaut sonst verbrennt.

sen *vor* dem Einsetzen der Frösche in das Terrarium überprüftt werden, um eine lebensgefährliche Überhitzung der Tiere zu vermeiden! Keinesfalls dürfen die o. a. Temperaturmaxima im oberen Bereich überschritten werden. Gut geeignet sind Quecksilber- (HQL, 80–120 W) oder Joddampflampen (HQI, 70 W). Vorteilhaft ist hierbei die moderate Wärmezufuhr von oben bei einem gleichzeitig sehr hellen und dem natürlichen Sonnenlicht ähnlichen Lichtspektrum, das sogar noch Anteile von UV-Licht enthält. Mitunter reicht es aus, diese zusätzliche Heizlampe nur einige Stunden am Tage zuzuschalten, etwa, um eine besonders intensive Mittagssonne zu simulieren.

Als Alternative kommen Heizelemente wie Heizkabel oder -matten in Betracht, die keine Lichtstrahlung emittieren und daher auch für den nächtlichen Gebrauch geeignet sind. Man kann solche Heizungen auch außerhalb des Behälters auf eine Rück- oder Seitenscheibe aufkleben und so einen Temperaturgradienten schaffen. Allerdings werden die Pflanzen, die an dieser Wand wurzeln, durch die unmittelbare Nähe zur Wärmequelle geschädigt.

**Mit einem solchen Handsprühgerät kann das Terrarium ausreichend bewässert werden.** Foto: T. Eisenberg

Wenn man sehr viele Terrarien besitzt, kann es auch sinnvoll sein, den gesamten Raum auf eine höhere Grundtemperatur zu heizen.

## Feuchtigkeit und Wasser

Rotaugenlaubfrösche sind zwar im Regenwald heimisch, das heißt aber nicht, dass sie ständig im Nassen säßen. Vielmehr vertragen die Tiere eine dauerhaft sehr hohe relative Luftfeuchtigkeit nur schlecht. Im natürlichen Biotop der Rotaugenlaubfrösche sind es der Regen und die starke Wasserverdunstung, die die rel. LF aufrechterhalten. Im Terrarium muss daher künstlicher Regen fallen oder Wasser aus einem Behälter verdunsten, damit eine ausreichend hohe rel. LF entsteht. Mit einem Hygrometer wird man nach dem Sprühen einen Anstieg der rel. LF messen. Eigene Beobachtungen in den natürlichen Biotopen von Rotaugenlaubfröschen ergaben sowohl am Boden als auch auf Bäumen, dass hier die rel. LF auf Werte um 60 % fallen

kann. Insbesondere in der Kronenregion des Regenwalddaches sind die Rotaugenlaubfrösche bei aufkommendem Wind eher noch niedrigeren Luftfeuchtigkeitswerten ausgesetzt. Um das richtige Maß an Feuchtigkeit für die Frösche zu finden, gehört als allererstes immer eine Schale mit hygienisch einwandfreiem Wasser in das Terrarium. Diese kann auf der Erde stehen oder auch im Geäst aufgehängt sein, wie oben schon erwähnt. Weiterhin ist eine großzügig bemessene Lüftungsfläche wünschenswert, damit Staunässe vermieden wird und die Umgebung bald nach dem Sprühen wieder abtrocknen kann.

Die Häufigkeit des Sprühens richtet sich nun sehr stark nach dem Jahreszyklus, denn das tropische Verbreitungsgebiet ist, wie beschrieben, weniger durch einen Wechsel von Winter und Sommer als vielmehr durch eine mehr oder weniger ausgeprägte Regen- und Trockenzeit charakterisiert. Daher ist auch für die Vermehrung ein markanter Wechsel zwischen trockener und feuchter Haltung von Bedeutung. Während der trockenen Periode sprühe ich lediglich ein- bis zweimal pro Woche im Behälter. Auf diese Weise hält sich die rel. LF immer um 60 %, mit lokal höher liegenden Werten im Bereich von Pflanzendickichten und Blumentöpfen. Die „Regenzeit“ entspricht der Zuchtphase; dazu später mehr.

**Beregnungsanlagen erleichtern die täglichen Routinearbeiten.** Foto: T. Eisenberg

Für das Beregnen und Versprühen im Terrarium verwenden manche Froschpfleger kein normales Leitungswasser, sondern reines oder mit Leitungswasser gemischtes Regenwasser – dies ist sicher vorzuziehen, wenn es nicht gerade im Bereich von Ballungsräumen und Industrieanlagen gewonnen wurde. Regenwasser zeichnet sich – wie das Wasser, das durch Umkehrosmose erzeugt wurde – durch eine geringere Menge gelöster Mineralstoffe aus. Je nach lokaler Wasserhärte kann hartes, kalkhaltiges Wasser das Wachstum der Pflanzen nachhaltig stören, und es bilden sich sehr schnell Kalkablagerungen auf den Glasscheiben. Wie

**DER PRAXISTIPP**

Als Richtwert für die Belüftung sollten etwa zwei Stunden nach dem Besprühen alle Blätter wieder trocken sein. Die Größe der seitlichen Lüftung beträgt etwa 10 % einer Seitenfläche, die in der Deckscheibe etwa ein Drittel bis die Hälfte.

kalkhaltig das Leitungswasser regional ist, kann einem die Wasserbehörde oder Stadtverwaltung mitteilen. Schädigungen der Frösche durch den Einsatz kalkhaltigen Leitungswassers sind mir allerdings nicht bekannt. Das Besprühen des Terrariums ist mit einem Handsprühgerät einfach zu bewerkstelligen. Wenn die notwendigen Arbeitsschritte so weit wie möglich automatisch ablaufen sollen und man beruhigt für einige Tage unabhängig sein möchte, dann sollte man über die Anschaffung einer Beregnungsanlage nachdenken, die sich täglich über eine Zeitschaltuhr steuern lässt. Ein Ultraschallvernebler, der Wasser nebelartig in das Terrarium bläst, ist nicht unbedingt nötig, kann aber zu Einbruch der Dunkelheit bzw. während der Regenzeit wirkungsvoll die Luftfeuchtigkeit anheben und zusätzlich das Wachstum der Pflanzen fördern. Für eine Auswahl der unterschiedlich teuren Beregnungsanlagen und Details zu Ultraschallverneblern sei auf EISENBERG (2004b) verwiesen.

**Nachts klettern Rotaugenlaubfrösche auf der Suche nach Nahrung im Terrarium umher.** Foto: T. Eisenberg

## Giftigkeit

Rotaugenlaubfrösche bilden ein bakterizides und fungizides (Bakterien und Pilze tötendes) Hautsekret, das als Hautschutzfaktor fungiert. Ein Berühren der Frösche ist ungefährlich, sollte aber so weit wie möglich zum Wohle des Tieres vermieden werden, denn dadurch beeinträchtigt man die äußere Verdunstungsschutzschicht. Dies stresst die Tiere ungemein, insbesondere wenn sie tagsüber schlafend angefasst werden. Aus der Literatur wird jedoch auch ein Fall berichtet, bei dem Vergiftungssymptome beim Menschen auftraten (WEIMER et al. 1993). Dabei nahm ein Froschsammler im Biotop beim Rauchen offensichtlich Hautsekretreste von den Händen bzw. als Rauch über die Lungen auf und klagte nachfolgend über ganztägiges Unwohlsein und Husten. MIGNOGNA et al. (1997) konnten in Hautsekretanalysen von Rotaugenlaubfröschen eine Mixtur an Eiweißverbindungen feststellen –

unter ihnen Mediatoren wie opioide Substanzen und Kinine.

## Futter

Bevor man sich um die Anschaffung der Frösche kümmert, muss man sich mit den verschiedenen verfügbaren Futtertierarten vertraut machen. Futterinsekten kann man kaufen, oder – was meistens mehr Spaß macht – selbst züchten. Die Frösche sind auf lebendige Gliedertiere angewiesen, fressen dann aber alles, was sie überwältigen können. Zum Beutefang peilt ein Frosch eine ganze Weile ein Insekt an, bevor er darauf zu springt und sich das Futtertier mit beiden Händen ins Maul stopft. Verfüttert wird das komplette Spektrum an verfügbaren Futterinsekten sowie Wiesenplankton (draußen gekescherte Insekten) während der Sommermonate, wobei Stubenfliegen die Größenuntergrenze der Futterpalette darstellen und ausgewachsene Wanderheuschrecken für adulte Weibchen die Obergrenze.

Verfüttert werden nur Tiere, die zuvor selbst ausreichend ernährt wurden, denn durch einen gut gefüllten Darm der Insekten steigt der Nährstoffgehalt für die Frösche.

Sehr wichtig ist das Bestäuben der Futterinsekten unmittelbar vor dem Verfüttern mit einem Mineralstoff-Vitaminpräparat, um Mangelerkrankungen vorzubeugen und den Kalziumgehalt der Insekten zu steigern. Für diese Zwecke verwende ich „Korvimin ZVT“ (Fa. WDT, erhältlich über den Tierarzt). Ausgewachsene Rotaugenlaubfrösche sind sehr genügsam; sie werden bei mir 2–3 Mal in der Woche gefüttert. Lediglich zur unmittelbaren Vorbereitung auf die Fortpflanzung biete ich täglich Futter an. Die Frösche können theoretisch an eine lange Futterpinzette mit stumpfen Enden gewöhnt werden. So ist die Nahrungsaufnahme jedes Tieres gut zu überprüfen. Einfacher und in größeren Gruppen der probatere Weg ist aber eine Fütterung der gesamten Gruppe durch eine vorher abgezählte Anzahl von Insekten, die gleichzeitig in das Terrarium gegeben werden. Als Futtertiere in verschiedenen Stadien und für verschiedenste Altersklassen von

**WUSSTEN SIE SCHON?**

Ein mehr oder weniger stark toxisches Hautsekret produzieren übrigens alle Amphibien, um sich durch dessen bitteren Geschmack und die desinfizierende Wirkung vor Fressfeinden und die Hautoberfläche vor Bakterien und Pilzen zu schützen. Daher sollte man sich nach dem Hantieren oder einer Berührung mit den Fröschen die Hände gründlich mit warmem Wasser und Seife waschen. Sollten die Frösche für den Transport oder zum Umsetzen gefangen werden müssen, empfiehlt sich ohnehin zum Schutz der Tiere das Tragen feuchter Einweg-Gummihandschuhe ohne Puder.

Rotaugenlaubfröschen eignen sich beispielsweise Fruchtfliegen (*Drosophila melanogaster* und *D. hydei*), Ofenfischchen, Wachs- und Lebensmittelraupen, Grillen und Heimchen, Schmeiß- und Stubenfliegen sowie Heuschrecken. Einen Überblick mit Anleitungen zur Zucht finden Sie z. B. bei FRIEDERICH & VOLLAND (1981) und BRUSE et al. (2003). Alternativ kann man diese Futtertiere auch im Terraristik-Fachhandel oder teilweise auch im Anglershop (Fliegenmaden) kaufen. Alle Futtertiere müssen immer, zumindest aber einige Tage vor dem Verfüttern selbst hochwertig ernährt werden!

## - Heuschrecken

Wanderheuschrecken sind als Futter für Rotaugenlaubfrösche sehr gut geeignet. Die unterschiedlich großen Stadien sind sowohl für heranwachsende als auch für adulte Frösche ein Leckerbissen. Weil Heuschrecken beträchtlich größer sind als die Grillenarten, reichen pro Fütterung und Frosch 1–2 Heuschrecken aus. Adulte Weibchen bewältigen sogar die

**Rotaugenlaubfrosch beim Fressen einer Wanderheuschrecke** Foto: T. Eisenberg großen, beflügelten Imagines der Ägyptischen Wanderheuschrecke. Weil Wanderheuschrecken sehr hohe Ansprüche an Temperatur, Futter und Bodensubstrat stellen und wenig zirpen, sind sie auch als Futtertiere in Mietwohnungen problemlos einsetzbar. Die tagaktiven Heuschrecken bewegen sich auch nachts noch genug, um von den Rotaugenlaubfröschen gefunden zu werden. Die Zucht ist wegen des permanenten Bedarfs an frischem Grünfutter relativ aufwändig und nicht ganz einfach, kann aber sehr produktiv sein (siehe EISENBERG 2000). Wenn man liebevoll bepflanzte Schauterrarien besitzt, sollte man Heuschrecken nur von der Pinzette verfüttern.

### - Grillen und Heimchen

Wenn man den Aufwand mit den Wanderheuschrecken scheut, dann ist die Zucht von Zweifleck-, Kurzflügel- oder Steppengrillen oder Heimchen die bessere Alternative. Die Rotaugenlaubfrösche fressen im Laufe ihres Lebens nahezu alle Stadien, als Heranwachsende jedoch bereits die mittelgroßen und ausgewachsenen Grillen. Grillen und Heimchen sind nachtaktiv, d. h. sie verstecken sich tagsüber. Daher sind sie für die ebenfalls nachtaktiven Laubfrösche besonders geeignet. Man sollte aber immer nur so viele Grillen zu den Fröschen geben, wie auch tatsächlich gefressen werden, damit es nicht zu einer Massenvermehrung im Terrarium kommen kann. Dies sollte unter allen Umständen vermieden werden, denn die Grillen fressen die Pflanzen im Terrarium an und können u. U. sogar Fraßschäden an der Haut der Frösche verursachen.

### - Wachs- und Lebensmittelraupen

Gerade Lebensmittelraupen können ein ernsthaftes Problem als Schädlinge in Wohnungen darstellen, weil sie sich beispielsweise auch in Müsli vermehren können, wenn man die Zucht nicht genau unter Kontrolle hat. Trotzdem sind sie ein Leckerbissen für heranwachsende Rotaugenlaubfrösche. Da sie sehr fettreich sind, sollte man mit ihrer Verfütterung sparsam sein. Nicht nur die Raupen, sondern auch die Motten werden begeistert angenommen!

### - Fruchtfliegen

Die Kleine und die Große Frucht- oder Essigfliege sind als Erstfutter für die Nachzuchten gut geeignet. Sie sollten jedoch wirklich nur die Anfangsnahrung sein und schnell von größeren Insekten abgelöst

DER PRAXISTIPP

Pro Fütterung sollte man für jeden ausgewachsenen Frosch etwa 3-4 große Grillen oder 1-2 mittelgroße Wanderheuschrecken als groben Richtwert anpeilen. Die Tiere wirken insbesondere nachts wegen der dünnen Gliedmaßen immer mager. Der gute Ernährungszustand kann jedoch anhand der Körperfülle beurteilt werden, bei der die Knochenvorsprünge an Rücken und Becken nicht deutlich sichtbar in Erscheinung treten sollten.

werden. Es empfiehlt sich, Fruchtfliegen als stummelflügligen Ansatz zu züchten, weil das ihre Verfütterung enorm vereinfacht. Um den Nährstoffgehalt der Fliegen aufzuwerten, überführe ich die Fruchtfliegen 1–2 Tage vor dem Verfüttern in frisches Zuchtmedium ohne Holzwolle. Man sieht nach dieser kurzen Zeit sehr gut ihre prallen Leiber.

**Aus diesem Futterglas können Insekten durch den abgeschnittenen Trichter nicht mehr entweichen – so lässt sich die Ration in aller Ruhe vorbereiten.** Foto: T. Eisenberg

## - Ofenfischchen

Hinsichtlich ihrer Größe sind Ofenfischchen als Nahrung für heranwachsende Rotaugenlaubfrösche gut geeignet. Sie stellen das Übergangsfutter von Fruchtfliegen zu den größeren Futtertierarten dar. Die Zucht ist in großen, dicht schließenden Plastikeimern, die man auf die Vorschaltgeräte von Leuchtstoffröhren oder auf Heizkabel stellt, denkbar einfach. Ofenfischchen sehen Silberfischchen nicht unähnlich.

## - Fliegen

Stuben- oder Schmeißfliegen sind ein begehrtes Futter für Rotaugenlaubfrösche. Man kann sie – was gewöhnungsbedürftig ist – selbst züchten oder aus Anglermaden aufziehen und natürlich auch draußen fangen. In jedem Fall müssen sie vor dem Verfüttern erst 1–2 Tage mit Zucker und Milchpulver oder Multisanostol angefüttert werden.

## - Wiesenplankton

In den Sommermonaten kann man mit einem Kescher auch geeignetes Futter auf der Wiese fangen. Dies stellt eine Abwechslung der besonderen Art für unsere Pfleglinge dar, die man unbedingt nutzen sollte. Für das Keschern sollte man

**WUSSTEN SIE SCHON?**

Interessant ist die Beobachtung, dass Rotaugenlaubfrösche offenbar aus negativen Erfahrungen „lernen" können. Seit der Verfütterung der etwas wehrhaften, geflügelten Heuschrecken von der Wiese akzeptieren meine Frösche die vorher beliebten, ebenfalls geflügelten Imagines (geschlechtsreife Tiere) der Ägyptischen Wanderheuschrecke nicht mehr.

sich allerdings nur ländliche Wiesen aussuchen, auf denen keine Insektizide oder Herbizide versprüht worden sind. Der verantwortungsvolle Naturfreund weiß, dass auch manche Insektenarten geschützt sind (siehe z. B. Internetseite des Naturschutzbundes Deutschland, NABU).

**Mit diesem modifizierten Kescher lassen sich Insekten sehr effizient fangen. Es hat sich sehr bewährt, am tiefsten Punkt des Keschers ein Loch zu schneiden, in das man ein Gewindestück einer E27-Glühlampen-Fassung integriert. Arretiert wird dieses mittels der mitgelieferten Metallgewinderinge, die außen auf die Fassung aufgeschraubt werden können. Normale Flaschengewinde passen in das Innengewinde der Fassung. So kann man kleine, durchsichtige Plastikflaschen an den Kescher ankoppeln, in die die Insekten beim Keschern hineinfallen. Man verschließt die Flasche danach mit einem normalen Schraubverschluss. Mit ein paar Reiskörnern halten sich die gefangenen Insekten sogar noch etwas länger.**

Foto: T. Eisenberg

## Nächtliches Beobachten

Um die nachts aktiv gewordenen Frösche besser beobachten zu können, ist man auf künstliche Lichtquellen angewiesen. Durch den Einsatz schwacher oder abseits gelegener Lampen, die an natürliches Dämmerungslicht erinnern, sind die Rotaugenlaubfrösche meist nicht in ihrem Verhaltensspektrum beeinträchtigt. Auch farbige Glühlampen (Schwarz-, Gelb- oder Grünlicht), die in der Umgebung der Terrarien zu einem gedämpften Licht verhelfen, sind gut geeignet. Werden die Tiere dagegen direkt angeleuchtet, so beenden sie ihre Aktivität und fangen wieder an zu schlafen. Wer Rotaugenlaub-

**DER PRAXISTIPP**

Das vorschnelle Ausbrechen von Futterinsekten beim Vorbereiten der Futterration kann man verhindern, indem man diese in einen Becher oder ein Glas schüttet, in dem ein spitzenwärts abgeschnittener Trichter steckt. Meistens sind die unmittelbar verfütterten Insekten innerhalb kürzester Zeit gefressen. Durch ein kleines Obststück im Terrarium kann man Fruchtfliegen (ein für Nachzuchten geeignetes Futtertier) aber gut an einem Ort konzentrieren.

**Nachts klettern Rotaugenlaubfrösche auf der Suche nach Nahrung im Terrarium umher.** Foto: T. Eisenberg

frösche pflegen will, wird dauerhaft eine Taschenlampe für seine nächtlichen Rundgänge benötigen. Man kann die Frösche bei Dunkelheit auch mit einem hoch auflösenden Nachtsichtgerät beobachten. Einfacher und für jeden Geldbeutel erschwinglich sind Stirnlampen, wie sie Höhlenforscher verwenden, weil man dann dort Licht hat, wo man gerade hinschaut. Zudem hat man immer beide Hände frei, was das nächtliche Füttern und Hantieren im Behälter stark vereinfacht. Zum nächtlichen Beobachten empfehle ich eine Stirnlampe mit Leuchtdioden (LEDs), denn deren relativ gleißendes, an Mondschein erinnerndes Licht wird im Gegensatz zu normalen Taschenlampen von den Fröschen offenbar nicht als störend empfunden, sodass sie trotz Beleuchtung aktiv bleiben. Darüber hinaus werden mittlerweile eigens Mondlichtstrahler für Aquarien und Terrarien angeboten.

**Nur nachts erlebt man die volle Schönheit der Rotaugenlaubfrösche.** Foto: T. Eisenberg

# Fortpflanzung Vermehrung in freier Wildbahn

BEI ergiebigen nächtlichen Regenfällen insbesondere zur Regenzeit steigen die Frösche zur Fortpflanzung Richtung Waldboden. Das als „cloc" (Köhler 2001) oder „click", „chock" oder „cluck" (Campbell 1998) zu beschreibende Quaken der Männchen aus einer einzelnen medianen, subgularen (in der Mitte unter dem Kinn gelegenen) Schallblase lockt die Weibchen an, und schon bald kommt es zur Paarbildung. Das unregelmäßige, abgehackt klackende Quaken kann erregungsabhängig – insbesondere bei Beregnung und auf unmittelbar benachbarte Männchen antwortend – auch aus einem grundsätzlich doppelt ausgestoßenen Ton bestehen. Neben diesem „Paarungsruf" ist auch bei der Balz oft der trillernd-gackernde „Regenruf" zu hören (eig. Beob.). Wird ein Weibchen umklammert, das nicht paarungswillig ist, so wehrt sich dieses heftig und kann dann sogar auch Töne von sich geben, die ich als „klagende" Abwehrlaute beschreibe. Durch hek-

**Ein Pärchen kletternd in einem Einblatt** Foto: T. Eisenberg

tisches Umherspringen, Kopfüberhängen oder Abstreifen mit den Hinterbeinen oder an Ästen versuchen solche Weibchen, ihren ungeliebten Geschlechtspartner loszuwerden. Auch Männchen können sich gegenüber anderen männlichen und weiblichen Artgenossen durch Treten oder Ringen aggressiv verhalten (MEUCHE 2004, eig. Beob.). Daneben berichtet PROY (1992) davon, dass sich *A. callidryas* einer Substraterschütterung bediene, um möglicherweise eine Art von Fernkommunikation zu führen.

Ist das Weibchen paarungsbereit, wandern beide Geschlechtspartner harmonisch einige Zeit umher – vielmehr wandert das Weibchen, und das Männchen lässt sich tragen. Auf der Suche nach einem geeigneten Eiablageplatz inspiziert das Paar Blätter, die über Gewässern hängen. PROY (1992) fand Gelege von *A. callidryas* angeheftet an *Spatiphyllum* spp. Er schildert eindrucksvoll seine Beobachtungen an einem costa-ricanischen Tümpel, indem er das Fortpflanzungsverhalten der nahe verwandten *A. saltator* dokumentiert. Dazu klettert das Paar vor der Eiablage in das temperierte Teichwasser, damit das Weibchen seine Harnblase mit

**Vor der Eiablage nimmt das Pärchen noch ein Bad, um Wasser aufzunehmen, das hinterher über den Laich entleert wird.** Foto: T. Eisenberg

Wasser füllen kann. Dieses Verhalten ist auch für *A. callidryas* beschrieben (CAMPBELL 1998). Das Wasser wird benötigt, um später die Gallerte des Geleges zum Quellen zu bringen, damit es vor Austrocknung geschützt ist. Dieselbe Funktion erfüllen auch die so genannten Abortiveier; das sind überzählige Gallerthüllen unterhalb eines normalen Geleges, in denen sich keine Eizellen

**Weibchen von *Agalychnis callidryas* mit deutlich sichtbar angefülltem Bauch – Grundvoraussetzung für eine Verpaarung** Foto: T. Eisenberg

befinden. Ist ein geeignetes Blatt – dies kann nach FOUQUETTE (1966) in bis über 3 m Höhe liegen – gefunden, so beginnt das Weibchen Laich auszustoßen, der vom Männchen unmittelbar besamt wird. Mitunter kommt es vor, dass ein zweites Männchen versucht, ein anderes Männchen aus dem Amplexus zu verdrängen oder sich noch zusätzlich auf das schon vorhandene Männchen zu setzen (D'ORGEIX & TURNER 1995). In solchen Fällen kann ein Gelege mit Spermien zweier verschiedener Männchen besamt sein. Rotaugenlaubfrösche produzieren ihre Gelege meist auf der Blattunterseite. Gelege in eingerollten Blatttüten, wie sie für einige *Phyllomedusa*-Arten beschrieben wurden, entstehen nach LEENDERS (2001) bei Eiablagen auf der Blattoberseite durch die Frösche selbst, bzw. nach DUELLMAN (2001) als rein passives Phänomen durch Spontaneinrollungen bestimmter Blattpflanzen. Nach CAMPBELL (1998) kann ein Weibchen in einer Nacht bis zu fünf Gelege produzieren. Diese werden als Klumpen von normalerweise 20–50 grünlichen Eiern abgesetzt und haften aufgrund ihrer Klebrigkeit am Blatt. Die Eier haben einen Durchmesser von 2–3 mm und liegen in einer etwa 5–10 mm messenden Gallerthülle.

## Kaulquappen

Ab dem zweiten Entwicklungstag kann man die Kaulquappen erkennen; sie durchbrechen nach etwa 6–9 Tagen die Eimembran und fallen in das darunter gelegene Gewässer. In freier Wildbahn lauern eine Menge Gefahren auf Eier und Larven: Die Gelege werden beispielsweise von diversen Schlangen und Wespen erbeutet, aber auch oft von Pilzinfektionen befallen (WARKENTIN 2000a; WARKENTIN et al. 2001). Für verschiedene *Agalychnis*-Arten ist bereits beschrieben, dass durch mechanische Einflüsse ein synchronisiertes Schlüpfen der Quappen beobachtet werden kann. PROY (1992) vermutet, dass Vibrationen von Regentropfen als Auslöser in Frage kommen. Es ist auch nachgewiesen, dass potenzielle Fressfeinde, wie die u. a. Froschgelege fressenden Schlangen *Leptodeira septentrionalis* oder *Leptophis ahaetulla* (DUELLMAN & TRUEB 1986; WARKENTIN, pers. Mittlg.) beim Herannahen über Äste Erschütterungen verursachen, die zum gleichzeitigen Schlüpfen der

Quappen führen. Dieses plötzliche Massenschlüpfen bringt es auch mit sich, dass schlüpfende Kaulquappen nicht immer denselben Entwicklungsstand aufweisen. Die Chance, einem Fressfeind zu entgehen, ist es im biologischen Sinne „wert“, dass sogar „frühreife“ Kaulquappen 2–3 Tage zu früh ins Wasser gelangen (WARKENTIN 1999a).

Einmal dort angekommen, setzt ein Wettlauf gegen die Zeit ein, um Fischen und Wirbellosen zu entgehen, wie Süßwassergarnelen, räuberischen Insektenlarven oder Käfern. Bei den Wasseransammlungen, in die die Quappen fallen, kann es sich um permanente oder temporäre Steh- und ausnahmsweise sogar Fließgewässer handeln. Nach MCCRANIE & WILSON (2002) wurden Quappen oder Gelege auch in stark vom Menschen veränderten Habitaten sowie in Wassersammelgefäßen und Latrinen und erstaunlicherweise auch in Wasseransammlungen ohne überhängende Vegetation gefunden. Fallen die Gelege sofort nach der Ablage ins Wasser, so entwickeln sich die Eier nicht.

Hängen die Blätter mit den Gelegen nicht unmittelbar über dem Wasser, sind die beim Schlüpfen auf festen Boden gefallenen Quappen für einige Stunden in der Lage, sich durch Hochschnellen mit ihrem muskulö-

**Rasterelektronenmikroskopische Aufnahme eines Embryos von *Agalychnis callidryas* am 3. Entwicklungstag** Foto: C. Mitgutsch

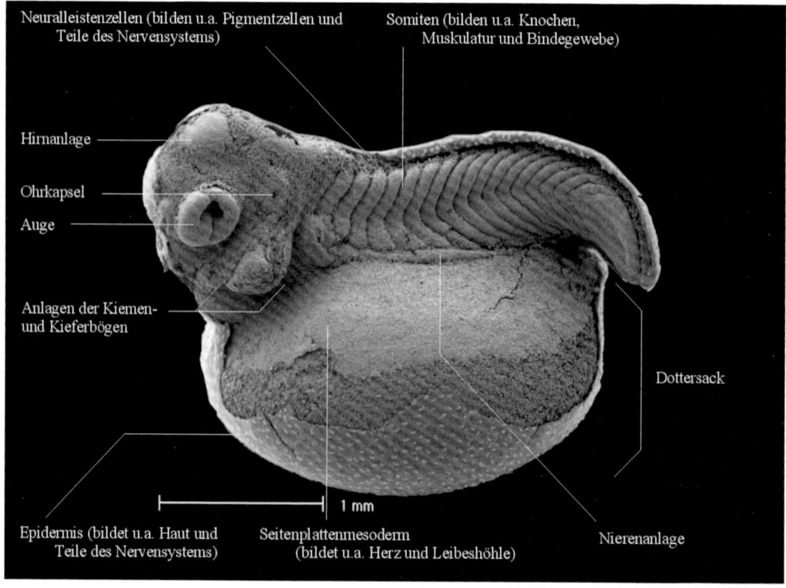

**WUSSTEN SIE SCHON?**
Die im Ei noch sichtbaren Außenkiemen werden spätestens wenige Minuten nach dem Schlupf ins Wasser rückgebildet. Die Kaulquappen atmen nachfolgend über Innenkiemen. Das sauerstoffreiche Wasser durchströmt dazu die so genannte Opercularkammer mit den Kiemen und wird dann bei nahezu allen Vertretern der Laubfrösche über ein mittig auf der linken Bauchseite gelegenes Atemloch (Spiraculum) ausgestoßen.

sen Schwanz doch noch zum Wasser zu bewegen (Campbell 1998).

Je nach geografischer Population benötigen die Kaulquappen bis zum Schlupf etwa 6–10 Tage. Sie sind dann um 10 mm lang. Die Augen mit ihrer goldenen Iris liegen seitlich. Die Grundfarbe der Quappen verändert sich im Laufe der Entwicklung immer stärker nach Olivgraubraun mit dunklen Flecken, seitlich glitzern die Tiere silbrig. Die Schwanzmuskulatur reicht fast bis zur Spitze und ist grau, die Flosse selbst transparent. Die Quappen erreichen die Metamorphose (Umwandlung) nach 11–12 Wochen (Campbell 1998); sie sind dann bis zu 45 mm lang. Die Kaulquappen der *Agalychnis*-Arten besitzen zwei obere und drei untere Zahnreihen sowie einen hornigen Schnabel. Damit filtrieren sie die Wasseroberfläche und Algenteppiche ab, indem sie meist im 45°-Winkel im Wasser stehen, wobei ihre Schwanzspitze ununterbrochen schlägt. Sie ernähren sich von der Wasseroberfläche als Allesfresser, sind aber nicht kannibalisch.

## Vermehrung in Menschenobhut

Die kontinuierliche Vermehrung einer Tierart sollte für den interessierten Terrarianer immer das Ziel der Bemühungen sein, denn erst dabei entfalten die Tiere ihr komplettes, interessantes Verhaltensspektrum. Überdies hilft die Nachzucht dabei, eine stabile Tierpopulation in Menschenobhut aufzubauen, sodass Entnahmen aus der Natur zukünftig vermieden werden können. Oberste Voraussetzung ist die richtige Zusammensetzung einer Zuchtgruppe. Rotaugenlaubfrösche werden oft als Jungtiere abgegeben, bei denen eine sichere Geschlechtsbestimmung noch nicht möglich ist. Erst beim Heranwachsen zeigen sich dann Geschlechtsmerkmale, die mehr oder weniger deutlich ausgeprägt sind. Sichere Hinweise auf das Geschlecht sind dann Eiablagen von Weibchen oder das erste Quaken von Männchen. Letzteres setzt bereits in einem Alter von etwa sechs

Monaten ein. Auch die Gesamtlänge der Tiere und die etwas ausladende Körpergestalt der Weibchen bieten relativ zuverlässige Merkmale, die sich oft mit fortschreitendem Alter deutlicher zeigen.

Zur Fortpflanzung sollten nur gut genährte Tiere gelangen, die eine vorbereitende Trockenperiode zur Zyklussteuerung bzw. zur Laichanbildung durchlebt haben. Solche „vorbereiteten“ Weibchen können bei schwacher Beregnung durchaus spontan Laich absetzen, ohne dass eine Paarung stattgefunden hatte (eig. Beob.). Um die Tiere zu stimulieren, decke ich die Lüftungsflächen mit Glasscheiben ab, sodass die Luftfeuchtigkeit fast bis zur Sättigungsgrenze ansteigt. In die Bodenwanne des Terrariums werden ein Aquarienheizstab und eine Teichpumpe eingesetzt, und ich flute den gesamten Bodenteil etwa

**Amplexus von *Agalychnis callidryas* am Morgen nach der nächtlichen Eiablage, Pärchen schlafend** Foto: T. Eisenberg

15 cm hoch. An die Teichpumpe schließe ich über einen Aquarienschlauch ein perforiertes Plastikrohr an, das mit Saugnäpfen von innen an der Deckscheibe befestigt wird. Dieser interne Wasserkreislauf simuliert die Regenzeit. Meistens bildet sich bereits nach wenigen Stunden ein Paar, nachdem die Frösche im Dunkeln aktiv geworden sind. Man kann die Zuchtgruppe auch in ein eigens dafür eingerichtetes „Regenkammer"-Terrarium umsetzen, in dem man ausschließlich Zuchtversuche durchführt. Bei der Paarbildung ist vermutlich aufgrund des begrenzten Raumes das Männchen der aktivere Geschlechtspartner, der Weibchen nicht erst heranwandern lässt, sondern selbst auf diese zuläuft, um sie zu umklammern. Dies geschieht im so genannten Axillaramplexus, also hinter den Armen des Weibchens. Offenbar spielt dabei im Nahbereich insbesondere der optische Eindruck der Leibesfülle des Weibchens für die Auswahl der Partnerin eine wichtige Rolle, denn ich konnte auch Paarbildungen zwischen Rotaugenlaubfroschmännchen und im selben Behälter gehaltenen, wesentlich größeren artfremden Laubfroschweibchen (*Phyllomedusa* spp.) beobachten, obwohl ausreichend ablagebereite Weibchen von *A. callidryas* vorhanden waren. Eine leichte Absenkung der Temperatur zu Beginn der Regenzeit, wie sie manchmal für

**1: Zur Inkubation außerhalb des Terrariums abgeschnittenes Gelege**

**2: Gelege von Agalychnis callidryas. Beginnende Embryonalentwicklung drei Tage nach der Eiablage. Die sich entwickelnden Larven sind schon zu erkennen.**

**3: Embryonalentwicklung vier Tage nach der Eiablage. Die Außenkiemen der Kaulquappen entwickeln sich.**

**4: Embryonalentwicklung sechs Tage nach der Eiablage. Die rötlichen Außenkiemen sind gut zu erkennen.**

**5: Embryonalentwicklung sieben Tage nach der Eiablage. Der Dottersack ist fast vollständig aufgezehrt.**

**6: Der Schlupf findet statt.** Fotos: T. Eisenberg

*A. callidryas* empfohlen wird, war bisher nie notwendig. Entgegen der Ansicht anderer Autoren (Birkhahn & Wassmann 1997) habe ich über viele Jahre hinweg nur mit einem Männchen gezüchtet, also auch ohne gegenseitige Stimulation mehrerer Männchen. Es kann aber hilfreich sein, das Männchen mit *A.-callidryas*-Rufsequenzen ein wenig herauszufordern. Solche Rufaufzeichnungen sind an vielen Stellen im Internet zu finden, und das kurze Anspielen löst – wie

**Tab. 1: Protokoll einer Eiablage (2. Beregnungsnacht, Beregnung von 20–22 Uhr, Beleuchtung bis 21 Uhr; Lufttemperatur 25 °C; ♂: Männchen; ♀: Weibchen)**

| Uhrzeit | Aktion |
|---|---|
| 22.48 | ♂ quakt zwei Mal, ♀ nähert sich, ♂ umklammert ♀ in Sekundenschnelle, Paar rutscht ab und dreht sich um 360° |
| 22.51 | Paar steigt abwärts und springt sogar im Amplexus |
| 22.56 | ♀ führt Hinterbeinwischbewegungen aus, ♂ fast abgestreift |
| 23.07 | Paar klettert nach oben, ♀ versucht mit Händen und Füßen, das ♂ abzustreifen, hektisches Umherspringen und klagende Rufe des ♀ |
| 23.10 | ♂ uriniert, wird abgestreift, quakt und verfolgt das ♀ |
| 23.11 | ♂ wendet sich anderen ♀♀ zu, will aber offenbar ein bestimmtes ♀ |
| 23.12 | ♂ bespringt erneut ein ♀ – die Rücken beider Tiere zucken gleichzeitig (Erregung? Absonderung von Hautsekret?) |
| 23.16 | Paar wandert umher |
| 23.23 | ♂ ruft einmal (Aufwachruf), sonst absolute Ruhe |
| 23.27 | Aufwachruf eines ♀ |
| 23.43 | ♂ im Amplexus tritt zwei andere, zufällig kreuzende ♀ ♀ gezielt mit den Hinterbeinen. ♂ presst sich stärker an den Rücken des ♀, streckt schließlich sogar die Hinterbeine, um ♀♀ abzuwehren |
| 23.50 | Paar findet sich in Wasserschüssel im Geäst ein, ♀ etwa 2 cm tief eingetaucht |
| 23.58 | Paar verlässt Wasser |
| 0.03 | Abwärtsbewegung |
| 0.11 | Baden in der mit Wasser gefüllten Bodenwanne |
| 0.30 | Paar steigt herauf |
| 0.54 | Paar badet in Blumenübertopf |
| 1.01 | Paar verlässt Wasser |
| 1.26 | Paar steigt von einer Seitenwand auf die Unterseite eines *Monstera-deliciosa*-Blattes in etwa 1 m Höhe |
| 1.32 | ♀ stößt Laich aus, starkes Pressen; Laich wird mit Hinterbeinen an die Blattunterseite gedrückt; ♀ klettert sukzessive am Blatt nach oben. ♂ führt ebenfalls Pressbewegungen aus; Kloaken beider Tiere einander angenähert |
| 1.40 | ♀ befeuchtet das Gelege durch Flüssigkeit aus der Blase |
| 1.43 | Paar rutscht etwas am Blatt ab, etwas seitlich vom ersten wird ein zweiter, kleinerer Laichklumpen ausgestoßen und besamt (ohne erneutes Baden!) |
| 1.49 | ♂ löst Amplexus, springt davon |
| 1.50 | ♀ schläft über den Gelegen ein: 40 Eier am Blatt in 2 Klumpen, viele Abortiveier |

auch ein von Menschen nachgeahmtes Quaken – einen Chor an antwortenden Männchen aus. Die Beregnung kann man bereits 1–2 Stunden vor Einbruch der Dunkelheit anstellen und dann weitere zwei Stunden in Betrieb lassen. Durch die verschlossenen Lüftungen bleibt die Inneneinrichtung während der zweiten Nachthälfte feucht. Die Paare laichen entweder noch in derselben, meistens jedoch in der Folgenacht an über der Wasseroberfläche hängenden Blättern ab. In seltenen Fällen fand ich auch Gelege an den mit Kork beklebten Seitenscheiben. Die Eier werden, wie bereits beschrieben, an die Blätter angeklebt, nachdem das Paar zuvor einige Minuten in dem 25 °C warmen Wasser zugebracht hat. Dies geschieht in der Regel erst in der zweiten Nachthälfte. Je nach Menge der abgelegten Eier – im Terrarium wurden schon Extreme von 3–136 Eiern beobachtet (Eisenberg 2003b) – werden die Zuchtversuche nach einigen Tagen abgebrochen. Sollte sich bis dahin kein Gelege eingestellt haben, so ist eine Beendigung der „Regenzeit" in jedem Fall sinnvoll, denn die Männchen verweilen unter Zuchtbedingungen sonst permanent im Amplexus. Unter diesen Umständen magern sie sichtlich ab, und die Weibchen können an der Aufliegestelle der Männchen wund werden (Proy 1993). Eine Trennung der Geschlechter erfolgt durch das Wiederherstellen der trockeneren Haltungsbedingungen von selbst.

**Der Praxistipp**

Es ist auch möglich, das Blatt mit dem Gelege abzuschneiden und es extern bei hoher Luftfeuchtigkeit zu belassen, bis die Quappen ins Wasser tropfen. Das Blatt wird dazu bei mir mit einer Wäscheklammer an der Wand einer abgeschnittenen Plastikflasche mit niedrigem Wasserstand befestigt, ohne ins Wasser einzutauchen. Die Flasche steht in einem Quappeninkubator nach der Aquarienmethode (Budde 1980), in dem hohe Luftfeuchtigkeit durch das auf 24 °C geheizte Wasser entsteht.

## Aufzucht der Kaulquappen

Die am Blatt abgelegten Laichklumpen zeigen, wenn sie befruchtet sind, nach 2–3 Tagen eine Entwicklung. Zu dieser Zeit lässt sich der Embryo in jedem Ei als „stabförmige" Kaulquappe erkennen. Nicht befruchtete Gelege sowie einzelne unbefruchtete Eier innerhalb eines Laichklumpens weisen oft bald einen Pilzbefall auf, der Dotter setzt sich ab, und die Gallerte trübt ein. Gewöhnlich entwickeln sich auch unmittelbar benachbarte Eier problemlos weiter, wenngleich verschiedentlich das Entfernen solcher verpilzter Eier beispielsweise mit einem großlumigen Strohhalm empfohlen wird. Das Anwenden pilzhemmender Mittel am Gelege bringt meist keinen Erfolg. Dagegen ist von Pilzinfektionen (mit Dothideales) im Freiland bekannt, dass dadurch bis zu 40 % des Geleges vernichtet werden können und von der Infektion ein Schlupfreiz auf einzelne Embryonen ausgeht (WARKENTIN et al. 2001). Die sich im Gelege entwickelnden Kaulquappen haben zunächst noch deutlich sichtbare Außenkiemen, die den Eimembranen innen anliegen und mit denen die Kaulquappe den ins Ei diffundierten Sauerstoff aufnimmt (WARKENTIN 2000b, 2002). Die schlüpfenden Kaulquappen bahnen sich nach etwa 6–9 Tagen ihren Weg durch die Gallerte und werden in einem unter dem angeklebten Gelege aufgestellten, wassergefüllten Becherglas aufgefangen.

Nach dem Schlupf belasse ich die Kaulquappen noch für 1–2 Tage bei sehr niedrigem Wasserstand von nur wenigen Zentimetern, bis im Becher schrittweise der Wasserstand erhöht wird. Dies dient der besseren Sauerstoffsättigung. Die Quappen lassen sich bei Temperaturen um 24 °C gut in größeren Gruppen in Glasaquarien oder Plastikboxen aufziehen. In sehr kleinen Wasseransammlungen im Biotop kommt es nachts zu einem leichten Temperaturrückgang von 2–3 °C, der sich auch bei der künstlichen Aufzucht nicht nachteilig auswirkt (PROY, mündl. Mittlg.). Bis zum Landgang fressen die stetig wachsenden Kaulquappen in den folgenden Wochen ein Gemisch aus verschiedenen Fischflockenfuttern, *Spirulina*-Tabletten, Kaninchenpellets, Brennnesselpulver, Blütenpollen, Mineralstoffen und Vi-

**DER PRAXISTIPP**

Wenn man die Futtermischung in einer Kaffeemühle zerkleinert, kann man bequem und wohl dosiert mit einem Salzstreuer füttern.

**Verpilztes, unbefruchtetes Gelege**
Foto: T. Eisenberg

**DER PRAXISTIPP**

Als Aufzuchtwasser verwende ich den so genannten „Quappentee" (EISENBERG 2003b). Man erzeugt zunächst einen Extrakt aus 28 g Erlenzapfen, 28 g Torffasern und 1,9 l Regenwasser. Dieser Sud wird nach einer 20-minütigen Kochphase gesiebt und dann 1:100 mit abgestandenem Leitungswasser verdünnt. Der Vorteil ist dabei, dass man das Aufzuchtwasser nur selten wechseln muss, obwohl kein Filter angeschlossen ist, denn die Gerbstoffe des „Quappentees" puffern die Stoffwechselprodukte der Kaulquappen. Wassermessungen ergeben in diesen Pools regelmäßig hohe Nitrit- und Nitratwerte bei stabilem pH-Wert um 7,6, ohne dass sich Ausfälle bemerken ließen. Lediglich eine Belüftung der Becken mit einer Membranpumpe sowie ein Aquarienheizstab müssen eingesetzt werden. Wenn man den Mulm (Kot der Quappen, Futterreste) regelmäßig mit einem feinen Schlauch absaugt, kann man die Wasserwechselfrequenz weiter reduzieren.

taminen. Man darf nur so viel Futter auf einmal geben, wie innerhalb eines Tages gefressen wird, weil sonst das Wasser schnell verdirbt und die Kaulquappen sterben.

**DER PRAXISTIPP**

Die Kaulquappen gedeihen auch bei indirekter Beleuchtung, allerdings wachsen bei höherer Lichtintensität üppige Algenrasen, die von den Quappen regelrecht abgeweidet werden und die die Wasserqualität verbessern. Einmal pro Woche bestrahle ich alle Quappen für 15 Minuten mit einer UV-Leuchtstofflampe (Fa. Sylvania „Reptistar", 30 % UV-A, 5 % UV-B) aus 5 cm Entfernung, um Mangelerscheinungen vorzubeugen.

Je besser die Kaulquappen ernährt werden, desto größer steigen sie an Land und desto unproblematischer gelingt die weitere Aufzucht. Bei dieser Haltung kann die Entwicklungsdauer im Wasser mit Extremen von 40–102 Tagen teilweise deutlich von den Werten in freier Wildbahn abweichen (eig. Beob.); es metamorphosieren aber niemals alle Kaulquappen gleichzeitig, sondern eher mit 4–6 Wochen Differenz.

Die Kaulquappen wachsen in ihren Gruppen kontinuierlich heran. Im natürlichen Gewässer kann man schwarmförmige Bewegungen, die so genannten „Schulen" aus mehreren Quappen, erkennen, die sich dem Licht zuwenden. Die Hinterbeine sind zunächst

**Mit dem aus Erlenzapfen und Torf hergestellten „Quappentee" sind Wasserwechsel bei der Aufzucht der Kaulquappen nur noch selten nötig.** Foto: T. Eisenberg

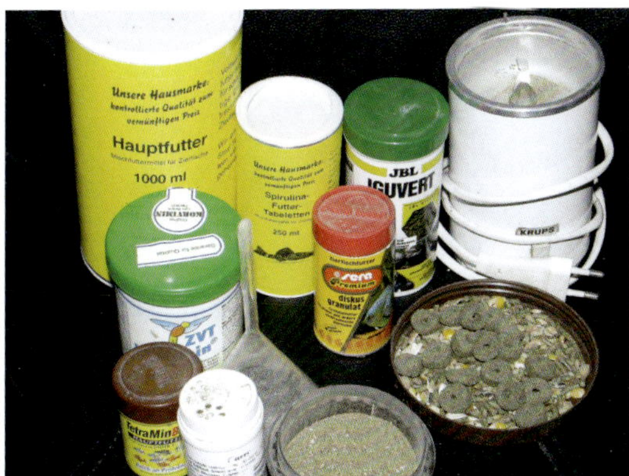


**Je vielseitiger die Ernährung der Kaulquappen gestaltet wird, desto besser lassen sich Mangelerscheinungen verhindern. Die Kaffeemühle dient zum Zerkleinern der Futtermischung, sodass sie mit einem Gewürzstreuer dosiert werden kann.**
Foto: T. Eisenberg

nur als zarte Knospen zu erkennen. Wenn man die silbrig schimmernden, durchscheinenden Kaulquappen von der Unterseite betrachtet, kann man das kleine Herz schlagen sehen. Sobald die Kaulquappen Vorderbeine haben, die zuvor als kleine Beulen unter der Haut sichtbar waren, stellen sie die Nahrungsaufnahme ein, bis der Schwanzrest vollständig resorbiert und der Umbau der Maulregion abgeschlossen ist. Bereits in diesem Stadium steigen sie an senkrechten Flächen aus dem Wasser, die Quappenpools müssen also abgedeckt werden. Damit die an Land steigenden Tiere nicht ertrinken können, sollten insbesondere am Rand des Behälters kleinere Ausstiegshilfen angebracht werden. Auch ein Umsetzen in einen separaten, schräg gestellten Behälter, dessen Wasserteil mit viel Moos ausgelegt ist, kann dieses Problem verhindern (Beutelschiess & Beutelschiess 1985).

## Das Streichholzbeinchen-Syndrom

Beim Streichholzbeinchen-Syndrom handelt es sich um eine Erkrankung, die bei allen Amphibien – außer bei den beinlosen Blindwühlen – auftreten kann und bei der eine Knochen- und Muskulaturunterentwicklung an den Gliedmaßen, meistens den Vorderbeinen, vorliegt. Schon vor der Metamorphose fällt an den Kaulquappen auf, dass ihr Körper leicht eingeschnürt erscheint, also von oben gesehen der Form einer 8 ähnelt (Haberkern, pers. Mittlg.). Beim Landgang können solche Frösche nicht richtig sitzen und fressen, sondern bleiben von Anfang an in der Entwicklung zurück oder sind gar nicht lebensfähig. Es können einzelne Individuen eines Geleges und sogar alle Nachkommen betroffen sein. Eine einseitige Ernährung der Kaulquappen mit Fischflockenfuttern wurde zunächst dafür verantwortlich gemacht. Es ist aber eher wahrscheinlich, dass es hier mehrere Ursachen gibt, denn es werden immer wieder verschiedene Umstände genannt, die das Auftreten der Erkrankung zumindest teilweise reduzieren konnten. Dies waren beispielsweise der Einsatz von UV-Licht (Haberkern, pers. Mittlg.), eine nicht zu hohe Aufzuchttemperatur (Mutschmann 1998), Kaulquappenwasser mit Zusätzen von Vitaminen wie B-Komplex oder Algen (Wright & Whitaker 2001) sowie eine optimierte Haltung und Zuchtkondition der Elterntiere. Streichholzbeine treten nur unter Terrarienbedingungen auf, was den Schluss suboptimaler Haltungsbedingungen nahe legt, allerdings werden als mögliche weitere Ursachen auch Toxine, genetische Störungen und Verletzungen diskutiert (Wright & Whitaker 2001).

7: Vorangeschrittenes Längenwachstum der Kaulquappe, ein Algenteppich wird abgegrast.

8: Austreiben der Hinterbeinknospen

9: Bauchansicht einer Kaulquappe mit vollständig entwickelten Hinterbeinen

10: Nur noch wenige Stunden bis zum Landgang

11: Frisch metamorphosierte Jungfrösche kurz nach dem Landgang. Der Schwanz wird in den folgenden drei Tagen vollständig resorbiert. Fotos: T. Eisenberg

## Aufzucht der Jungfrösche

Die Aufzucht der Jungfrösche verläuft nahezu verlustfrei, wenn man einige Punkte beachtet. Jungfrösche sind beim Landgang abhängig von der Größe der Kaulquappen 15–18 mm groß. Die kleinen Frösche fressen erstmals nach 2–3 Tagen, nachdem ihr Schwanzrest vollständig resorbiert ist. Nun müssen sie täglich eine Menge gut genährter und vor dem Verfüttern mineralisierter Insekten vorfinden. Anfangs nehmen die Jungfrösche große Fruchtfliegen, sind aber schon bald so stark gewachsen, dass sie nachfolgend mit Heimchen und Grillen entsprechender Größe, Stubenfliegen und Ofenfischchen gefüttert werden müssen. In den Terrarien der Jungtiere wird ein bis zwei Mal täglich gesprüht. Man sollte die Zahl der Tiere pro Aufzuchtbehälter und die Gesamtzahl der Nachzuchten nicht zu hoch wählen, denn sonst kann man die Versorgung des Individuums nicht mehr sicherstellen. Aus diesem Grund sollte man sich bei jedem Zuchtversuch mit einer kleineren Anzahl an Nachkommen begnügen, obwohl weitaus mehr Eier gelegt werden. Bewährt hat sich die Aufzucht in übersichtlich eingerichteten Terrarien der Größen 40 x 40 x 60 bis 60 x 40 x 60 cm (Länge x Breite x Höhe) für 20–40 Jungtiere. In diesen Becken wird das erforderliche Temperaturspektrum meist schon durch eine auf die Deckscheibe aufgelegte Leuchtstofflampe und gegebenenfalls ein schwaches Heizkabel geschaffen. Beleuchtung, Temperaturen und Luftfeuchtigkeit sind vor dem Besetzen eines Beckens über eine ausreichend lange Zeit zu überprüfen. Als Einrichtung dienen eine Blattpflanze und etliche Äste sowie eine Badegelegenheit. Wichtig ist ferner eine sehr hygienische Haltung, bei der regelmäßig das Wasser, aber auch Kot und tote Futterinsekten entfernt werden. Deshalb verwende ich auch in den Aufzuchtterrarien keinen Bodengrund bzw. nur eine Schicht feuchten Küchenpapiers. Wenn die Terrarien zusätzlich über einen schräg eingeklebten Boden und einen Ablauf verfügen, kann die Reinigung erheblich vereinfacht werden. Die Jungfrösche färben sich erst in den ersten Wochen nach der Metamorphose vollständig um. Vorher sind die rote Iris und die Flankenzeichnung nur undeutlich ausgeprägt. Bei gutem Futterangebot wachsen die jungen Rotaugenlaubfrösche schnell heran. Mit der Abgabe an interessierte Terrarianer sollte man etliche Wochen warten, weil sehr

**Kinderstube der Rotaugenlaubfrösche. Kleine Rotaugenlaubfrösche lassen sich gut in Gruppen aufziehen. Sie sind untereinander gut verträglich.** Foto: T. Eisenberg

**Dieser gerade erwachende Jungfrosch hat noch nicht die ausgeprägte Flankenzeichnung wie seine Eltern.** Foto: T. Eisenberg

**Zwei Jungtiere am Blatt** Foto: T. Eisenberg

junge Tiere besonders empfindlich auf veränderte Haltungsbedingungen reagieren (BEUTELSCHIESS & BEUTELSCHIESS 1985, eig. Beob.). Nach etwa sechs Monaten können die Geschlechter unterschieden werden. Entgegen den Angaben bei BIRKHAHN & WASSMANN (1997) beginnen die ersten Quakversuche der Männchen bei mir bereits im Alter von 5–8 Monaten. Die Zuchtreife erreichen die Tiere mit 1–1,5 Jahren.

## Kranke und vermeintlich kranke Frösche

DIE in diesem Büchlein vermittelten Erfahrungen haben bei mir über Jahre dazu beigetragen, meine Frösche gesund zu erhalten. Für die grundsätzlich bei Amphibien in Frage kommenden Erkrankungen sei auf die vorhandene Spezialliteratur verwiesen (z. B. MUTSCHMANN 1998; WRIGHT & WHITAKER 2001). Wenn dennoch kranke Frösche auftreten, kann man über die Internetseite der DGHT (s. Anhang) Kontakt zu einem amphibienkundigen Tierarzt suchen.

Selbstverständlich sollte man Neuzugänge erst in Quarantäne halten, um den schon vorhandenen Tierbestand nicht zu gefährden (EISENBERG 2003a).

Rotaugenlaubfrösche können eine Reihe von Parasiten beherbergen; die Diagnose wird in den meisten Fällen über eine Kotprobenuntersuchung gestellt. Dazu setzt man den Frosch am besten für einige Stunden in einen angefeuchteten Plastikbecher und sendet den gefundenen Kot mit einigen Tropfen Wasser – dicht verschlossen – an die Untersuchungseinrichtung (siehe „Adressen"). Übersichtshalber sei auf die bisher beschriebenen Parasitosen bei *A. callidryas* verwiesen, zu denen eine symptomlose Kryptosporidiose (Einzellerinfektion; HASSL 1991), Infektionen der Haut mit Acanthocephalen (Kratzern; MUTSCHMANN 1998) und verschiedene Wurminfektionen wie die Hautfilariose, der Befall mit Darmwürmern (VAN ROSSUM 1989) sowie Lungenwürmern (eig. Beob.) gehören.

Insbesondere die Parasiten des Magen-Darmtraktes können bei Rotaugenlaubfröschen zu dem hin und wieder beobachteten Krankheitsbild eines Darmvorfalles führen. Dabei hängt das letzte Stück Enddarm als fleischige, flüssigkeitsgefüllte Blase aus der Kloake heraus. Für diese Erkrankung wurde eine Reihe weiterer Ursachen beschrieben, wie mangelnde Bewegung, Verstopfung, Ballaststoffarmut in der Nahrung, eine Bindegewebsschwäche der die Kloake umgebenden Haut oder ein Mangel an Kalzium (WRIGHT & WHITAKER 2001). Betroffene Frösche sind umgehend einem Tierarzt vorzustellen, um den unbeschädigten, vorgefallenen Darmabschnitt abschwellen und zurückverlagern zu können.

Bei unhygienischen Verhältnissen, insbesondere in Wassergefäßen, bei Staunässe oder einem Befall mit an sich harmlosen Futtermilben können die Frösche Hautwunden und -infektionen bekommen, die umgehend desinfiziert werden müssen, damit sich keine Allgemeininfektion daraus entwickelt. Dazu eignen sich Bäder in frisch abgekühltem konzentrierten Kamillentee. Man kann prophylaktisch verschiedene Wasserschalen verwenden, die mit jedem Wasserwechsel getauscht werden. Durch das regelmäßige Abtrocknen können sich keine Bakterien kontinuierlich in den Schalen vermehren, was die Infektionsgefahr senkt.

**ACHTUNG!**
Nicht erschrecken sollte man, wenn man die Frösche in den Abendstunden nach dem Aufwachen dabei beobachtet, wie sie sich strecken, das Maul aufreißen oder sich mit den Gliedmaßen über den Rücken wischen. Hierbei handelt es sich um den Vorgang der Häutung, der täglich stattfindet und mit dem Fressen der alten Haut endet.

**So sollte ein gesundes Exemplar von *Agalychnis callidryas* aussehen.** Foto: T. Eisenberg

## Vergesellschaftung

MIT Rotaugenlaubfröschen vergesellschaftete Tiere dürfen weder als Futter (kleine Laubfroscharten) noch als Fressfeind (z. B. *Smilisca* spp., *Phrynohyas* spp., große Echsen oder Schlangen) in Betracht kommen, dürfen keinen Stress auslösen und müssen vergleichbare Ansprüche ans Klima stellen. Gut geeignet ist daher die Kombination mit einer tagaktiven Froschart (größere Pfeilgiftfrösche) oder mittelgroßen Echsen (manche Geckos, Anolis, Helmleguane). Nach meiner Auffassung sollten die Tiere die gleiche geographische Herkunft aufweisen, aber das ist im Prinzip Geschmackssache, sofern die Haltungsbedingungen der Arten übereinstimmen. Auch andere mittelgroße Laubfroscharten (z. B. *Hyla*- oder *Phyllomedusa*-Arten) eignen sich zur Vergesellschaftung.

**Vergesellschaftungen (hier mit *Phyllomedusa lemur*) müssen wohl überlegt sein, damit sich die beiden Arten nicht gegenseitig stören oder sich untereinander kreuzen. Bei der Pflege von Rotaugenlaubfröschen mit den tagaktiven Pfeilgiftfröschen ist rund um die Uhr Bewegung im Terrarium.** Foto: T. Eisenberg

**Auch die *Agalychnis callidryas* sehr ähnlich sehende *Duellmanohyla uranochroa* ist trotz ihrer roten Augen gut durch eine horizontal schlitzförmige Pupille vom Rotaugenlaubfrosch zu unterscheiden.** Foto: T. Leenders

## Schutzstatus

IN den Staaten, in denen *A. callidryas* natürlich vorkommt, herrschen z. T. strenge nationale Naturschutzgesetze, die eine Ausfuhr sämtlicher Tiere ohne entsprechende Genehmigungen untersagen. Seit der Vertragsstaatenkonferenz im Jahr 2010 ist die gesamte Gattung *Agalychnis* in den Anhang II des Washingtoner Artenschutzabkommens (WA oder CITES) aufgenommen und somit international unter Schutz gestellt. Als Begründung wurden ein intensiver internationaler Handel mit einzelnen Arten sowie die Tatsache genannt, dass man aus Mangel an Identifizierungskriterien einzelne Arten im (unbeschränkten) Handel nicht überwachen könne. Die Neuerung wird im Lauf des Jahres 2010 in Kraft treten. Das bedeutet für die Terraristik zunächst Folgendes: Wildfänge des Rotaugen-Laubfrosches dürfen nur noch mit entsprechenden CITES-Papieren in die EU importiert werden. Tiere, die bereits in der EU gehalten werden, müssen den zuständigen Behörden nach der nationalen Umsetzung des Beschlusses gemeldet werden, ebenso jede Bestandsveränderung (Nachzuchten, Todesfälle, Abgaben). Zuständig sind meist die Unteren Landschaftsbehörden. Bitte setzen Sie sich mit Ihrer zuständigen Behörde in Kontakt, die praktische Handhabung erfolgt meist pragmatisch, aber von Ort zu Ort unterschiedlich. Arten des Anhangs II des WA werden in der Regel in den Anhang B der Europäischen Artenschutzverordnung übernommen. Für diese Arten, zu denen dann der Rotaugen-Laubfrosch gehören wird, sind bei Abgabe innerhalb der EU keine CITES-Papiere nötig. Sie müssen aber der zuständigen Behörde den legalen Erwerb nachweisen können. Das bedeutet in der Praxis: Wenn Sie Rotaugen-Laubfrösche kaufen, lassen Sie sich bei Wildfängen unbedingt vom Händler die CITES-Papiere aushändigen, bei Altbeständen (also vor dem Inkrafttreten 2010 ins Land gekommene Tiere) und Nachzuchten reicht die Bescheinigung des Vorbesitzers bzw. Züchters. Wenn Sie Rotaugen-Laubfrösche nachzüchten, melden Sie Ihre Nachzuchten bei der Behörde und stellen Sie bei Abgabe der Tiere an andere Halter eine Züchterbescheinigung aus. Darauf sollten vermerkt sein: deutscher und wissenschaftlicher Name der Tiere; Anzahl der Exemplare; falls bekannt, Geschlecht; Name und Anschrift des Züchters; Alter der Tiere (Zuchtdatum); Behörde, bei der die Tiere gemeldet waren.

Alternativ könnte Deutschland allerdings auch von der Anlage 5 der Bundesartenschutzverordnung Gebrauch machen, die die Vertreter der Gattung oder einzelne Arten wegen ihrer guten Nachzüchtbarkeit von der Anzeigepflicht befreit. Sie sollten sich also in jedem Fall vor der Anschaffung von Rotaugen-Laubfröschen bei Ihrer zuständigen Behörde über die aktuellen Regelungen und deren Anwendung informieren.

## Dank

EINE Reihe von Personen hat durch fachliche Diskussionen und Tipps, Vermittlung von Wissen, Hilfe bei der Beschaffung von Literatur oder die Bereitstellung von Bildmaterial erheblich zum Gelingen dieses Buches beigetragen – ihnen möchte ich an dieser Stelle herzlich danken. Im Einzelnen seien besonders erwähnt: Nicole Struckmann, Schauenburg; Joachim Kessler, Würzburg; Prof. Dr. Twan Leenders, Litchfield, USA; Dr. Stefan Lötters, Mainz; Dr. Axel Kwet, Stuttgart; Christian Mitgutsch, Jena, sowie schließlich und besonders für die konstruktive Kritik am Manuskript und die regelmäßigsten „Fachsimpeleien" Martin Haberkern, Cahuita, Costa Rica.

## Weitere Informationen

ZUR Vertiefung der in diesem Buch gegebenen Informationen und zum tieferen Einblick in terraristische und herpetologische Themenbereiche empfehlen sich die Mitgliedschaft in einem Verein gleich gesinnter Terrarianer sowie ein intensives Literaturstudium. Die folgenden Auflistungen sollen dabei behilflich sein, einen Einstieg in die Thematik zu finden, können aber natürlich nur einen kleinen Ausschnitt aufzeigen.

### Vereine und Interessengruppen

Die Deutsche Gesellschaft für Herpetologie und Terrarienkunde (DGHT; www.dght.de; DGHT e.V., Postfach 1421, 53351 Rheinbach, Tel.: 02225-703333, E-Mail: gs@dght.de) ist die weltweit größte Gesellschaft ihrer Art und bringt Wissenschaftler und Hobbyherpetologen zusammen. Mitglieder erhalten verschiedene herpetologisch/terraristische Zeitschriften.

Innerhalb der DGHT existiert die AG Anura, die sich mit allen Fröschen beschäftigt, also auch mit Rotaugenlaubfröschen. Sie gibt gemeinsam mit der AG Urodela eine eigene Amphibien-Zeitschrift heraus („Amphibia") und veranstaltet jährliche Fachtagungen. Kontakt: Ulrich Schmidt, Bergheimer Str. 108, 41515 Grevenbroich, Tel. 02181-62263, E-Mail: uli.frog@t-online.de

## Zeitschriften

▪ REPTILIA, TERRARIA
Terraristik-Fachmagazine
erscheinen je sechs Mal jährlich
Natur und Tier - Verlag GmbH
An der Kleimannbrücke 39/41
48157 Münster
Tel.: 0251-133390
E-Mail: verlag@ms-verlag.de
www.reptilia.de

▪ DRACO
Terraristik-Themenheft
erscheint vier Mal jährlich
Natur und Tier - Verlag, s. o.

▪ Sauria
Terraristik und Herpetologie
erscheint vier Mal jährlich
Terrariengemeinschaft Berlin e.V.
Bruno Treu, Christstr. 10
14059 Berlin
E-Mail: abo@sauria.de
www.sauria.de

▪ DATZ
Die Aquarien- und Terrarien-Zeitschrift
erscheint monatlich
Verlag Eugen Ulmer
Wollgrasweg 41
70599 Stuttgart
www.datz.de

## Untersuchungsstellen

Kotproben, Sektionen und andere Untersuchungen können von spezialisierten Tierärzten oder von veterinärmedizinischen Untersuchungsstellen, die es in vielen Städten gibt, vorgenommen werden. Eine Liste mit Tierärzten, die sich mit Reptilien und Amphibien beschäftigen, kann über die DGHT bezogen oder auf www.dght.de eingesehen werden. Überregional bekannt sind z. B. folgende Einrichtungen:

▪ Landesbetrieb Hessisches Landeslabor
Abteilung Veterinärmedizin
Schubertstraße 60 - Haus 13
35392 Gießen
www.lhl.hessen.de

▪ Exomed
Erich-Kurz-Str. 7
10319 Berlin
Tel.: 030-5112008
E-Mail: labor@exomed.de
www.exomed.de

▪ Universität München
Institut für Zoologie, Fischereibiologie und Fischkrankheiten der tierärztlichen Fakultät
Kaulbachstr. 37
80539 München
Tel.: 089-2180-2687
E-Mail: office@zoofisch.vetmed.uni-muenchen.de
www.vetmed.lmu.de/zoofisch/

▪ Chemisches und Veterinäruntersuchungsamt Ostwestfalen-Lippe
Westerfeldstr. 1
32758 Detmold
Tel.: 05231-9119
E-Mail: poststelle@svua-detmold.nrw.de
www.cvua-owl.nrw.de

▪ Vet Med Labor GmbH
Mörikestraße 28/3
71636 Ludwigsburg
Tel.: 01802-838633
E-Mail: info@vetmedlabor.de
www.vetmedlabor.de
(für privat nur über Ihren Tierarzt)

## Internet (Stand: Frühjahr 2010)

http://amphibiaweb.org//index.html
(Amphibiaweb)

http://people.bu.edu/kwarken/KWLabAgalychnis.html
(tolle Fotos und Videos von Gelege- und Kaulquappen-Fressfeinden)

http://research.amnh.org/herpetology/amphibia/index.html
(Amphibian species of the world)

http://www.agalychnis.de
(*Agalychnis*-Homepage des Autors)

http://www.dbg-web.de
(Deutsche Bromelien-Gesellschaft e.V.)

http://www.froschfotos.de

http://www.imn.ac.cr
(Instituto Meteorológico Nacional de Costa Rica)

http://www.inbio.ac.cr/es/default.html
(Instituto Nacional de Biodiversidad)

http://www.nabu.de
(Naturschutzbund Deutschland, NABU)

http://www.t-eisenberg.de
(Homepage des Autors)

www.crash.de/frogs
(Computergesteuerte Terrarienelektronik)

# Literaturverzeichnis

BEUTELSCHIESS, C. & J. BEUTELSCHIESS (1985): Einige Bemerkungen zur Nachzucht von tropischen Hyliden. – Sauria **7**(4): 7–12.

BIRKHAHN, H. & K. WASSMANN (1997): Haltung und Zucht des Rotaugenlaubfrosches *Agalychnis callidryas* im Terrarium. – REPTILIA, Münster, 2(6): 28–32.

BRUSE, F., M. MEYER & W. SCHMIDT (2003): PraxisRatgeber Futtertiere. – Edition Chimaira, Frankfurt/M., 143 S.

BUDDE, H. (1980): Verbesserter Brutbehälter zur Zeitigung von Schildkrötengelegen. – Salamandra 16(3): 177–180.

CAMPBELL, J.A. (1998): Amphibians and reptiles of northern Guatemala, the Yucatán, and Belize. – University of Oklahoma Press, Norman, 380 S.

CARAMASCHI, U. & C.A.G. CRUZ (2002): *Phyllomedusa*: posição taxonômica, hábitos e biologia (Amphibia, Anura, Hylidae). – Phyllomedusa 1(1): 5–10.

DUELLMAN, W.E. (2001): Hylid frogs of Middle America. (2. Auflage) – Society for the Study of Amphibians and Reptiles, Ithaca, New York, 1159 S.

- & L. TRUEB (1986): Biology of amphibians. – John Hopkins University Press, Baltimore, 670 S.

EISENBERG, T. (2000): Futtertierzucht: Die Ägyptische Wanderheuschrecke (*Locusta migratoria*). – REPTILIA, Münster, 5(6): 42–46.

- (2003a): Wie sollte eine fachgerechte Quarantäne durchgeführt werden? – REPTILIA, Münster, 8(1): 66–71.

(2003b): Erfahrungen bei der Pflege und Nachzucht des Rotaugenlaubfrosches *Agalychnis callidryas* (COPE, 1862). – elaphe N.F. 11(3): 23–32.

(2004a): Prophylaxe statt Therapie – Haltungsbedingte Erkrankungen bei Terrarientieren vermeiden. – REPTILIA, Münster, 9(1): 16–25.

(2004b): Der Blaue Pfeilgiftfrosch *Dendrobates azureus*. – Natur und Tier - Verlag, Münster, 64 S.

FOUQUETTE, M.J. (1966): Some hylid frogs of the Canal Zone, with special reference to call structure. – Caribbean Journal of Science 6(3–4): 167–172.

FRIEDRICH, U. & W. VOLLAND (1981): Futtertierzucht – Lebendfutter für Terrarientiere. –Eugen Ulmer, Stuttgart, 168 S.

FROST, D.R. (2002): Amphibian species of the world: an online reference. – V2.21 (15. Juli 2002). http://research.amnh.org/herpetology/amphibia/index.html. (Stand: Juli 2004).

FUNKHOUSER, A. (1957): A review of the neotropical tree frogs of the genus *Phyllomedusa*. – Occasional Papers of the Natural History Museum of Stanford University 5: 1–90.

GRAY, A.R. (1997): Blue red-eyed tree frog. – Reptilian 5: 10.

HASSL, A. (1991): Eine asymptomatische Kryptosporidien (Apicomplexa: Coccidia)-Infektion bei *Agalychnis callidryas* (COPE, 1862) (Anura: Hylidae). – Herpetozoa 4: 127–131.

HOOGMOED, M.S. & J.E. CADLE (1991): Natural history and distribution of *Agalychnis craspedopus* (FUNKHAUSER, 1957) (Amphibia: Anura: Hylidae). – Zool. Mededelingen 65: 129–142.

KÖHLER, G. (2001): Anfibios y reptiles de Nicaragua. – Herpeton, Offenbach, 208 S.

KRINTLER, K. (1992): *Agalychnis callidryas* (COPE) – Sauria Suppl. 14: 225–228.

LEENDERS, T. (2001): A guide to amphibians and reptiles of Costa Rica. – Distribuidores Zona Tropical S.A., Miami, 305 S.

MARQUIS, R.J., M.A. DONNELLY & C. GUYER (1986): Aggregations of calling males of *Agalychnis calcarifer* BOULENGER (Anura: Hylidae) in a Costa Rican lowland wet forest. – Biotropica 18: 173–175.

MCCRANIE, J.R. & L.D. WILSON (2002): The amphibians of Honduras. – Society for the Study of Amphibians and Reptiles, Ithaca, New York, 625 S.

MEUCHE, I. (2004): *Agalychnis callidryas*. Auf den Spuren des Rotaugenlaubfrosches. – DATZ 57(1): 12–15.

MIGNOGNA, G., C. SEVERINI, G.F. ERSPAMER, R. SICILIANO, G. KREIL & D. BARRA (1997): Tachykinins and other biologically active peptides from the skin of the Costa Rican Phyllomedusid frog *Agalychnis callidryas*. – Peptides. 18: 367–372.

MUTSCHMANN, F. (1998): Erkrankungen der Amphibien. – Parey/Blackwell, Berlin, 352 S.

D'ORGEIX, C.A. & B.J. TURNER (1995): Multiple paternity in the red-eyed treefrog *Agalychnis callidryas* (COPE). – Molecular-Ecology 4(4): 505–508.

PRAEDICOW, G. (1981): Zum Verhalten, zur Haltung und Pflege des Rotaugenfrosches, *Agalychnis callidryas* (COPE, 1862). – elaphe 1: 1.

PROY, C. (1992): Zur Biologie von *Agalychnis saltator* TAYLOR, 1955 (Anura: Hylidae). – Herpetozoa 5: 99–107.

- (1993): Beobachtungen zur Biologie und Erfahrungen bei der Haltung und Nachzucht von *Agalychnis annae* (DUELLMAN, 1963). – Herpetofauna 84: 27–34.

- (2000): Unterschiedliche Temperaturverläufe und künstliche Beregnung zur Stimulierung der Paarung bei zwei Greiffröschen (*Phyllomedusa lemur* und *Agalychnis annae*). – herpetofauna 128: 29–34.

RAMSEIER, E. (1975): Die Pflege und Zucht von *Agalychnis callidryas* (COPE, 1862). – Das Aquarium 75: 404–407.

RUIZ-CARRANZA, P.M., M.C. ARDILA-ROBAYO & J.D. LYNCH (1996): Lista actualizada de la fauna de amphibia de Colombia. – Rev. Acad. Colombiana Cien. 20: 365–415.

SCHMIDT, M. (2002): *Agalychnis callidryas* (COPE, 1862). – REPTILA, Münster, 34: 51–54.

SCHWALM, P.A., P.H. STARRETT, R.M. MC DIARMID (1977): Infrared reflectance in leaf-setting neotropical frogs. – Science 196: 1225–1227.

SCOTT, N.J. & A. STARRETT (1974): An unusual breeding aggregation of frogs, with notes on the ecology of *Agalychnis spurrelli* (Anura: Hylidae). – Southern Calif. Acad. Sci. Bull. 73: 89–94.

SCOTT, N.J. (1983): *Agalychnis callidryas* (Rana Calzonudo, Gaudy Leaf Frog). – S. 374–375 in: JANZEN, D.H. (ed.). Costa Rican Natural History. – Univ. Chicago Press, Chicago

TAYLOR, E.H. & H.M. SMITH (1945): Summary of the collection of amphibians made in Mexico under the Walter Rathbune Bacon traveling scholarship. – Proc. U.S. Nat. Mus. 95: 521–613.

VAN ROSSUM, R. (1989): Het houden van de roodoogmakikikker (*Agalychnis callidryas*). – Lacerta 48: 18–21.

WARKENTIN, K.M. (1999a): The development of behavioral defenses: a mechanistic analysis of vulnerability in red-eyed tree frog hatchlings. – Behavioral Ecology 10: 251–262.

- (1999b): Effects of hatching age on development and hatchling morphology in the red-eyed treefrog, *Agalychnis callidryas*. – Biological Journal of the Linnean Society 68: 443–470.

- (2000a): Wasp predation and wasp-induced hatching of red-eyed treefrog eggs. – Animal Behaviour 60: 503–510.

- (2000b): Environmental and developmental effects on external gill loss in the red-eyed treefrog, *Agalychnis callidryas*. – Physiological and Biochemical Zoology 73: 557–565.

- (2002): Hatching timing, oxygen availability, and external gill regression in the tree frog, *Agalychnis callidryas*. – Physiological and Biochemical Zoology 75: 155–164.

-, C. C. CURRIE & S. A. REHNER (2001): Egg-killing fungus induces early hatching of red-eyed treefrog eggs. – Ecology 82: 2860–2869.

WEIMER, R., W. FEICHTINGER, F. BOLANOS & M. SCHMID (1993): Die Amphibien von Costa Rica. Herpetologische Eindrücke einer Forschungsreise. Teil I: Einleitung, Hylidae (1). – Sauria 15(2): 3–8.

WRIGHT, K.M. & B.R. WHITAKER (2001): Amphibian medicine and captive husbandry. – Krieger Publishing Company, Malabar, FL, 499 S.

# Literatur vom NTV

## Jede Menge Antworten auf Fragen rund um Ihr Hobby

### Pflanzen im Terrarium

**Anleitung zur Pflege von Terrarienpflanzen, zur Gestaltung naturnaher Terrarien und Auswahl geeigneter Pflanzenarten**

**B. Akeret**

400 Seiten, über 1.000 Abbildungen
Format: 17,5 x 23,2, Hardcover
ISBN: 978-3-86659-060-1

Preis: 39,80 €

### Terrarieneinrichtung

**Grundlagen · Materialien · Methoden**

**T. Wilms**

128 Seiten, 181 Fotos
Format: 16,8 x 21,8 cm
ISBN: 978-3-931587-90-1

Preis: 19,80 €

Besuchen Sie uns auf www.ms-verlag.de

Natur und Tier - Verlag GmbH
An der Kleimannbrücke 39/41, 48157 Münster
Telefon: 0251-13339-0, Fax: 13339-33
E-Mail: verlag@ms-verlag.de, Home: www.ms-verlag.de

# REPTILIA & TERRARIA

## – das Duo für die Terraristik

TERRARIA

Erdbeer-fröschchen

•Grüne Wasser-agame
•Patagonien

TERRARISTIK-FACHMAGAZIN

REPTILIA

Nr. 46, April/Mai 2004, Jahrgang 9(2)

TERRARISTIK - FACHMAGAZIN

FRÖSCHE IN GEFAHR

**Preise**

**Einzelheft**

TERRARIA oder REPTILIA . . . . . . . .6,50 €

**Abonnements**

6 x TERRARIA oder REPTILIA . . . .36,90 € (Ausland 46,80 €)

**Im Kombi-Abonnement**

6 x TERRARIA und 6 x REPTILIA . .69,00 € (Ausland 88,80 €)

**Monat für Monat der komplette Lesestoff für Terrarianer**

Natur und Tier - Verlag GmbH
An der Kleimannbrücke 39/41, 48157 Münster
Telefon: 0251-13339-0, Fax: 13339-33
E-Mail: verlag@ms-verlag.de, Home: www.ms-verlag.de